全国大学生版权征文

QUANGUO DAXUESHENG BANQUAN ZHENGWEN

吕静薇　夏　静 ◎ 主编

知识产权出版社
全国百佳图书出版单位
—北京—

图书在版编目（CIP）数据

全国大学生版权征文 / 吕静薇，夏静主编 .—北京：知识产权出版社，2023.3
ISBN 978-7-5130-8662-2

Ⅰ . ①全…　Ⅱ . ①吕…②夏…　Ⅲ . ①版权—中国—文集　Ⅳ . ① D923.414-53

中国国家版本馆 CIP 数据核字（2023）第 004091 号

内容提要

本书为北京印刷学院学科教育和研究生专项“专业学位联合研究生培养基地建设项目”的研究成果之一，收录了近年来该校学生参与版权征文活动的论文及相关选题习作数篇，是北京印刷学院出版方向学生培养成果展示。本书收录论文涵盖出版领域多个研究方向，如版权运营、版权保护、版权授权等。

本书可作为高等院校出版专业学生论文选题方向和高等院校出版专业培养方向课程建设的参考。

责任编辑：阴海燕　　**责任印制：**孙婷婷
执行编辑：赵蔚然

全国大学生版权征文
吕静薇　夏　静　主编

出版发行：知识产权出版社有限责任公司	网　　址：http：//www.ipph.cn
电　　话：010－82004826	http：//www.laichushu.com
社　　址：北京市海淀区气象路 50 号院	邮　　编：100081
责编电话：010–82000860 转 8693	责编邮箱：laichushu@cnipr.com
发行电话：010–82000860 转 8101	发行传真：010–82000893
印　　刷：北京中献拓方科技发展有限公司	经　　销：新华书店、各大网上书店及相关专业书店
开　　本：720mm × 1000mm　1/16	印　　张：10.5
版　　次：2023 年 3 月第 1 版	印　　次：2023 年 3 月第 1 次印刷
字　　数：133 千字	定　　价：58.00 元

ISBN 978-7-5130-8662-2

前　言

本论文集是北京印刷学院学科教育和研究生教育专项“专业学位联合研究生培养基地建设项目”的研究成果之一。该项目立项初衷是不断深化与完善双导师制实践过程，扩大与出版企业尤其是数字出版企业的合作，通过课程改革加强出版专业硕士研究生实习实训环节，不断提升出版专业硕士的实践操作能力。版权理论与实践类课程是北京印刷学院研究生培养计划中的一个重要培养方向。在理论学习中，学生学习、了解国际版权产业的现状和发展趋势，形成保护版权、促进版权创新、发展版权产业的意识，并通过了解我国版权文化产品走出去的方式及我国文化对世界的影响，坚定文化自信。在理论学习的同时，鼓励学生将所学知识应用于实践，积极参加版权类学科竞赛和实践活动。每年参与国家版权局及相关单位举办的大学生版权征文活动是选修北京印刷学院出版学院版权类课程学生的重要实践活动，并屡有获奖。

我作为该研究生教育专项负责人，负责本论文集的收集、统筹工作。北京印刷学院硕士研究生夏静，负责本论文集的具体整理工作。本论文集收录了近年来北京印刷学院出版学院学生参与版权征文活动的论文及相关选题习作数篇，是学生们学习成果的体现。汇编成册，旨在鼓励。

吕静薇

2022 年 8 月

目录
CONTENTS

论《著作权法》中作品类型由法定转为开放的风险之忧

顾湘媛 *

摘要：为推动科技创新和文化繁荣，《中华人民共和国著作权法》进行了第三次修正，这将对我国著作权的发展产生深远影响。其中，作品类型由法定模式修改为了开放模式，笔者认为这一修改存在一定的风险隐患，难以避免会增加所谓“新”智力成果著作权侵权或者确权诉讼的数量，未来有关作品认定的版权纠纷的概率会有所增长。面对此种情况，法院及法官在赋予更多权利的同时需承担起更多的责任，必须进行专业、客观的审判。

关键词：著作权法；作品类型；版权保护

2020 年 11 月 11 日，十三届全国人大常委会第二十三次会议通过了《全国人民代表大会常务委员会关于修改〈中华人民共和国著作权法〉的决定》，对《中华人民共和国著作权法》进行了第三次修正（以下简称“2020 年《著作权法》”），修改内容于 2021 年 6 月 1 日施行。修改《著作权法》立足于我国社会经济、文化不断发展的需要，积极回应如今数字化时代的新要求，对版权产业和社会发展具有重要意义，同时有利于增强我国国民对作品版权的认知，提高我国国民版权保护意识，有益于优秀作品的创作和传播，促进社

* 顾湘媛，北京印刷学院出版学院 2020 级新闻与传播专业硕士。

会主义文化和科学事业的发展与繁荣。本次《著作权法》的修正可谓“十年磨一剑”，对其中的大部分内容进行了修改和完善，使之更加贴合时代的变化和社会的发展，具有“革命性”的修改意义。但与此同时，世界上没有一部法律是完美的，2020年《著作权法》仍有我们需要进行再思考的地方。关于作品类型由法定转为开放的修改，笔者认为存在一定风险隐患，未来有关作品认定的版权纠纷的概率可能会有所增长。

一、作品类型由法定转为开放

英国学者布里格斯早在1906年便提醒世人，准确定义何为“作品”并非易事：“宽泛地说明哪些作品受保护是容易的；准确定义版权的适格客体却相当困难。”2020年《著作权法》对作品类型进行了修改，将2010年《著作权法》第三条中第（九）项“法律、行政法规规定的其他作品”修改为了“符合作品特征的其他智力成果”，由“固定”形式的法定条文转变为了“灵活”形式的成果认定，在一定意义上将法定模式的作品类型转变为了开放模式，笔者认为这一修改可能会对未来智力成果的版权保护问题产生风险和忧患。

旧法中“法律、行政法规规定的其他作品”实则是对作品类型的“兜底”条款，因为在我国现行的法律法规之中没有规定任何其他的作品类型，大多数学者和法院认为该兜底规定确立了著作权作品法定原则，是一种封闭模式，法院不能通过判决创设新作品的类型，要依法判决。2020年《著作权法》将第（九）项修改为了“符合作品特征的其他智力成果”，将“兜底”条款变为了开放条款，即认为如该智力成果符合作品特征即受《著作权法》保护，法院可以根据具体案例的判断创设新的作品类型。不可否认的是，作品类型由法定模式到开放模式的转变，将在一定程度上避免作品认定过程中的僵硬判断，在不断进步发展的时代中给予法官更多的能动性和灵活性。但是，作品类型转为开放模式所存在的风险不容小觑，因为其并不能像作品类型法定模式一样来限定构成作品的表达形式，而是由法官来对具体案例进行分析审判，法官作为具有主观能动性的人类，在情绪、感官、思维等方面均存在大量变数，会对作品的判断产生许多不可控的因素。同时，作品类型法定模式可以通过立法穷尽式地规定作品类型，而作品类型开放模式则是非穷尽式地规定作品类型。在人类丰厚的智慧成果当中，并不是所有的成果都是作品，可以受到版权的保护，作品类型开放模式在一定程度上会模糊构成作品的表达形式，"符合作品特征"这一明显带有"循环定义"逻辑瑕疵的限定，会加大未来法院在对作品进行判定过程中的难度。

二、作品类型开放模式的风险之忧

根据《保护文学和艺术作品伯尔尼公约》（以下简称《伯尔尼公约》）第二条第（一）项，"文学和艺术作品"一词是"包括文学、科学和艺术领域内的一切成果，不论其表现形式或方式如何，诸如书籍、小册子和其他文字作品……"，应用的是要点概括和非详尽性列举的形式，为伯尔尼联盟成员国能够自由地增添其他作品类型留下了空间。但是，《伯尔尼公约及其超越》中写道："未被列入作品清单但理论上可能属于《伯尔尼公约》第二条第（一）项中'文学或艺术作品'的情形，在现实中几乎不存在"，这就说明《伯尔尼公约》实则已将作品的类型限制在了所列举的例子中，是采用了明文列举结合"兜底"的方式对作品的类型进行了限制，应属于作品类型的封闭模式。与此同时，在《伯尔尼公约》之后，国际上新承认的作品类型也只有计算机程序和汇编作品，并无其他类型的作品。

首先，作品类型的开放模式将难以避免地增加所谓“新”智力成果著作权侵权或者确权诉讼的数量，也会造成司法机关在处理诉讼案件上的论证难以服众的现象的产生，致使所有“新”的智力成果都要求受到版权法的保护，加剧版权纠纷的矛盾，对客观公正的作品认证审判产生难以预计的风险。以美国为代表的大部分大陆法系国家采用的是作品类型开放模式，虽在一定程度上体现了与时俱进和具有灵活性的审判优势，但是大量存在的版权纠纷案也不应被忽视。

例如，美国著名的“加西亚诉谷歌案”中女演员加西亚因自己的台词被后期篡改，对自身造成了大量的负面影响，加西亚便向法院提起上诉，认为谷歌公司侵犯了自己的版权。因为美国《版权法》采用的是作品类型开放模式，再加上没有相关的邻接权来保护表演者的权利，导致业内在加西亚的表演是否属于作品并能否由其本人享有版权的问题上争论不休，让“加西亚诉谷歌案”一度陷入纠纷，案件持续几年，在美国引发了不小的争议。除此之外，2011 年美国“盖浇米线案”中，原告为申请将盖浇米线作为作品受到版权保护而提起诉讼，而在作品类型开放的美国却以“综合考虑了独创性中的‘独立完成’、是否‘已固定’等多种因素后认定其不构成作品”的不充分理由驳回了原告的申请。同样，2006 年，在“兰蔻公司诉 Kecofa 公司案”（以下简称“兰蔻香水案”）中，荷兰最高法院依据其《版权法》第十条第一款对作品类型开放的定义“书籍……以及任何文字、科学或艺术领域内的创作成果，无论其表现形式或方式如何”，判决认为“兰蔻”香水的味道属于作品，受到版权法的保护。而在“兰蔻”香水的起源国法国，则在 2006 年有关香水的判决中否认了香水作为作品受到著作权保护，“香水只是简单实施一种技巧的结果”，在之后反反复复的审判中，法国最终认定香水并不能作为作品受到保护，但是因为法国采取的是作品类型开放模式，所以在判断香水不能作为作品的判词显得难以让人信服。那么，味道是否属应属于作品受到保护呢？欧盟法院认为，“作品必须以足够精确和客观方式表达，即便该表达并不必然采用永久形式”。显然，味道无法作为足够精确和客观的方式来进行表达，不应作为作品来享受版权的保护。

同时，值得注意的是，以英国为代表的许多英美法系的国家，如澳大利亚、加拿大、新西兰、爱尔兰等国家的版权法仍旧采用的是作品类型法定模式，虽然批评英国等国家采用作品类型法定模式的声音不在少数，但是英国等国并未就此修改法律，而且英国法院也没有在涉及新作品形式的案件中出现裁判困难。如在英国 1997 年的“创意唱片与新闻集团报纸案”中，原告认为自己乐队的排练活动可以被认作雕塑或者其他新形式作品受到版权法的保护，被告记者的拍照行为侵犯了其著作权。但是英国高等法院认定被告记者所拍摄的原告照片并未侵权，判决写道，“我无法理解，将这些分散的道具与乐队成员组合在一起的过程，如何能够被视为与雕塑或者手工艺术品有任何共同之处”，因为原告乐队的排练组织活动并未构成英国《版权法》中所规定的任何作品类型，所以不能构成作品，被告记者也并未侵犯原告版权。作品类型法定模式，可以要求法官在作品认定过程中按照版权法中所规定的内容来作出客观稳定的判定，一定程度上能将人为主观变化对审判的影响降到最低，有效提高审判效率，从而避免版权纠纷。

其次，由于《伯尔尼公约》对各个成员国的保护及限制，作品类型开放所产生的新的作品类型或者不合理地扩大某类作品的内涵，都会导致成员国在相互保护义务方面的不对等，产生纠纷隐患。因《伯尔尼公约》所给予各成员国的国民待遇是由条约保护结合各国的额外保护规定的，即“作者在作品起源国以外的同盟成员国中享有该国法律现在给予和今后可能给予其国民的权利，以及本公约特别授予的权利”。如在前文提到的“兰蔻香水案”中，荷兰的法院判“香水”为作品受到版权法保护，那么按照《伯尔尼公约》的国民待遇规定，其他国家的“香水”在荷兰也应得到版权法保护及其相关赔偿，但在采取作品类型法定模式的英国，“香水”自然不能作为作品受到英国版权法的保护，也不会得到相应的赔偿。这就说明如果英国的香水厂商在荷兰进行了“香水”的版权保护就会成功，得到应有的权益和赔偿，但是荷兰的香水厂商在英国则不会得到任何版权保护和赔偿。这就会造成各成员国在相互保护义务方面的不对等，产生国家间的纠纷，同时，还可能造成个别“有心人士”因各国不同作品类型模式的法律规定，有意图地申请版权法保护，扰乱跨国版权法的保护秩序，产生难以预估的风险隐患。

三、作品认定应具有严谨稳定的审判依据

著作权所涉及的范围之广，影响之大，应具有约束权利人之外所有人的绝对权，由法律明确规定其权利的客体、类型和内容，明晰法律保护的边界和权利的界限，来保护权利人的权益和交易安全。同时，我国是成文法系国家，在进行相关法律审判活动时要交由立法机关审理，而在处理案件时，既定的法律法条就是法官审判案件的关键点，但是，如果法官在审判案件时的主观能动性过强，便会产生“法官造法”之嫌，带来许多后续问题。日本学者田村善之认为，当创设或解释新型知识产权客体时，法院“应该以克制的态度进行参与”。可是一旦松懈法律所规定的固有界线，人们难免会对法院所持有的“克制态度”产生怀疑，因为人类的理性和感性共存，会为法院的相关审判带来隐患。

但是，随着现代社会的发展和科技的进步，关于作品类型法定模式的争议也确实在随之增加。如网络游戏能否以著作权加以保护，通过何种路径加

以保护，历来存在不少争议，许多司法判决会将其归为类电作品加以保护，但是在类电作品的外延中却不包括网络游戏，由此就会有人质疑作为时代新兴产物的网络游戏是否可以作为“新”作品类型加以保护。除此之外，“北京中科水景公司与中科恒业公司、杭州西湖管理处著作权纠纷案”也充满了争议，一审判决认为其音乐喷泉符合“法律、行政法规规定的其他作品”给予保护，一年后的二审对其进行了纠正，认定音乐喷泉应属于“美术作品”给予保护，但是两次给出的作品认定理由都不具有较强的说服力。其实，无论网络游戏还是音乐喷泉，相比通过著作权得到保护，申请专利权或者商标权可能更为适合。究其根本性质，网络游戏和音乐喷泉都是通过技术设计得以实现的，申请专利权的保护可能更为合适，不必只将视线集中于版权法的保护。

《伯尔尼公约》自 1971 年生效至今，作品的范围也仅通过 1995 年生效的《与贸易有关的知识产权协定》得到了扩张——计算机程序和独创性汇编被确认为应受保护的作品，而且后者也仅将《伯尔尼公约》业已规定的“作品的独创性汇编”拓展到对各类信息的独创性汇编。这说明作品类型的演变是缓慢和渐进式的，国际社会对此也持谨慎的态度。2020 年《著作权法》将作品类型更改为开放模式，无形中增加了“新”作品类型的产生，使作品的认定及保护存在一定的风险隐患，由此需要法院及法官在拥有更多能动性的同时承担起更多的责任，用自身的专业知识和法律素养来客观合理地审判案件。

参考文献

[1] 王清 . 读法笔记：新修正《著作权法》的两个思考，一个建议 [J]. 出版科学，2021，29（1）：21–29.

[2] 袁锋 . 论音乐喷泉的著作权法定性——兼评我国“音乐喷泉著作权第一案”[J]. 电子知识产权，2019（7）：11–20.

[3] 王迁 . 论作品类型法定——兼评“音乐喷泉案”[J]. 法学评论，2019，37（3）：10–26.
[4] 孙山 .《著作权法》中作品类型兜底条款的适用机理 [J]. 知识产权，2020（12）：53–66.
[5] 罗芝连 . 音乐喷泉的著作权保护 [J]. 张家口职业技术学院学报，2020，33（2）：56–59.
[6] 刘银良 . 著作权兜底条款的是非与选择 [J]. 法学，2019（11）：118–135.
[7] 张倩 . 新修《著作权法》对网络著作权案件审理将产生诸多影响 [N]. 中国新闻出版广电报，2020–12–17（5）.
[8] 王迁 . 对《著作权法修正案（草案）（二次审议稿）》的四点意见 [J]. 知识产权，2020（9）：31–46.
[9] 叶赟葆，林岑珉 . 作品类型开放模式下如何认定作品 [J]. 南都学坛，2021，41（3）：76–82.
[10] 何隽 . 知识产权公约中国民待遇的“例外”[J]. 清华法学，2013，7（2）：150–162.

我国体育赛事版权运营模式探析

——以英超版权运营为例

任肖鹏 *

摘要：本文将着重讨论我国体育赛事版权运营的现状及存在的问题，对国内体育赛事版权运营面对的市场泡沫破裂危机进行研究及反思。

关键词：英超；体育赛事版权运营；腾讯体育

一、体育版权分析

（一）体育赛事版权介绍

体育赛事是一种竞技性的比赛项目，如大众熟知的NBA、世界杯、欧洲杯等。但是由于场馆、地域等因素限制，大部分普通民众无法在现场观看体育赛事。在媒体技术不断发展的今天，广播、电视及互联网瞅准了“民众拥有观看体育赛事需求”的市场空白，通过与体育赛事组织者达成播送协议以获得巨大的经济收益。

体育赛事的经济收益除去门票、广告收入外，其余大部分来源于广播、直播和转播等信号播出行为。体育赛事各方（特别是赛事组织方）为了维护自身经济利益，运用版权保护自身的合法权益，从而衍生出了体育赛事版权。

---

* 任肖鹏，北京印刷学院出版学院 2019 级新闻与传播专业硕士。

体育赛事版权是体育赛事生产方围绕赛事节目及衍生品，以体力、智力劳动、经济成本、承担市场风险等为对价，由运营方开发并产生经济效益的权利，又称为体育赛事知识产权。

（二）体育赛事版权的特点

1. 交互性

新媒体不断崛起的今天，体育赛事版权的运营也逐渐转向网络平台。网络平台选择引进体育赛事版权的目的是盈利，在单一版权盈利的基础上，逐渐看重终端用户的体验。媒体通过研究体育爱好者的需求，分析用户的触发机制，以求与用户更好地互动。

2. 技术性

技术支撑提升用户体验感。体育赛事的转播需要技术的支撑，当前用户需求提高促使网络平台不断提高自身转播技术，保障清晰稳定且交互性强的赛事转播。VR（虚拟现实）、AR（增强现实）、XR（扩展现实）等技术的诞生与运用,增强了屏幕前用户的体验感,提升了用户的“参与感”和“在场感”。

3. 开放性

2014 年 4G 技术产生以前，体育赛事版权的运营被传统媒体垄断。2014 年后，视频平台崛起、政策赋能网络平台等因素加持，使网络平台有引进体育赛事转播权的权利，国内体育赛事版权的运营环境更加开放自由，并且激发了体育赛事版权的市场潜能，传播渠道更加多元化，传统媒体、手机媒体、互联网数字电视和其他智能媒体等，能够承载体育赛事转播的渠道增多。

（三）我国体育赛事版权市场分析

2014 年《国务院关于加快发展体育产业促进体育消费的若干意见》明确要求放开体育赛事转播权的购买与转让限制后，众多网络平台在资本与技术的加持下，加入体育赛事新媒体转播权的竞购，促进了体育赛事转播市场的发展。

2020 年我国体育赛事转播的主要平台分别是腾讯体育和 PPTV。腾讯体育依靠雄厚的资本实力和流量优势，将 NBA 的新媒体独家版权打造为核心产品，掌握了中国体育赛事版权市场最具价值的 IP 之一。此外，腾讯体育连续两年陆续买进长尾领域的体育赛事版权，如法网、温网、环法、NFL 等，扩大了体育赛事的受众范围，囊括了各赛事的头部资源，最大化提升了长尾效应，完成了全方位立体化的布局。

而 PPTV 背后的苏宁则高价锁定足球版权。2020 年，苏宁手握亚冠、中超等几大赛事版权，并且大部分版权都是独家资源。为了买下这些版权，苏宁支付了超过 100 亿元人民币的天价费用。

二、英超版权分析

（一）英超版权在国内发展情况介绍

最初，天盛公司以 5000 万美元的价格拿下英超联赛 2007—2008 赛季前三个赛季中国大陆地区全媒体转播权，使国内近 20 年的免费英超转播成为历史。天盛公司以 5000 万美元拉开了体育赛事转播付费时代的序幕。后来，新英体育又以 10 亿元人民币的价格拿下了英超 2013—2019 赛季的版权。

PPTV 和英超联赛的转播合约签订于 2016 年。经商讨后双方达成协议，

2019—2022 这三个赛季的英超赛事在中国大陆地区的转播权被 PPTV 以 5.64 亿英镑（约合 51.14 亿元人民币）的总价购入。新冠肺炎疫情防控期间，英超联赛在 2020 年 3 月 13 日宣布停赛，一直到 6 月 17 日才再度在空场的情况下复赛。在此背景下，作为中国大陆地区独家转播商，PPTV 遭受了巨大损失。英超将 PPTV 此前拖欠 1.6 亿英镑分期款项逾期未支付的行为判定为对原本合同的违约，并且拒绝了 PPTV 延长三年转播合约的申请。最后，英超官方宣布和 PPTV 解约。

2020 年 9 月 17 日，腾讯体育官方宣布，正式拿下中国大陆地区英超转播权。据此前媒体爆料的消息，腾讯体育以 1000 万美元的价格拿下英超在中国大陆地区一年的版权。

（二）英超版权选择原因分析

1. 顶级体育赛事，体育赛事版权头部内容

英超联赛是全球商业价值最高的足球联赛，截至 2020 年，全球共有 212 个国家和地区购买了英超的转播权，全球累计观众人数达 47 亿人次。国际会计师事务所毕马威（KPMG）2019 年发布的研究报告显示，英超 2019—2022 赛季的海外转播权收入增长至 47.5 亿欧元，较上一周期增长了 35%，平均单赛季收入 15.82 亿欧元，西甲则以 8.97 亿欧元排名第二位，只相当于英超一半的收入。在福布斯公布的 2019 年全球体育俱乐部价值 TOP50 排行榜中，共有 8 支足球俱乐部上榜，其中，英超球队占了 5 支，分别是曼联（38.1 亿美元）、曼城（26.9 亿美元）、切尔西（25.8 亿美元）、阿森纳（22.7 亿 美元）、利物浦（21.8 亿美元）。从上述数据来看，英超联赛的商业价值使其发展成为体育版权市场最炙手可热的内容。

2. 国内球迷基础雄厚，播出时间友好

从 1984 年起，国内开始引入英格兰足总杯比赛，1986 年引入了英格兰甲级联赛（英超联赛前身）。经过数十年的发展，英超联赛尤其是实力较强的球队有了深厚的球迷基础。由于相较于其他国外顶级足球联赛播出时间，英超联赛的播出时间集中于北京时间下午到前半夜，更符合中国球迷的观赛需求。英超官方为了照顾亚洲球迷观赛感受，更是特意安排一些比赛在亚洲区的黄金时间开赛。友好的播出时间，更是极大提高了英超联赛的收视率，商业价值随之水涨船高。

3. 构筑体育版权赛事矩阵“护城河”

在体育平台方购买体育赛事版权时，单一一个体育赛事无法构筑完善的体育赛事版权矩阵并不完全有利于平台的发展。通常平台方会购买一些顶级体育赛事版权及中小型体育赛事版权。而作为流量最大、商业价值最高的足球赛事，拥有英超联赛版权可以为平台方吸引大量的受众，构建完整的体育版权矩阵的“护城河”。

三、英超版权运营中存在的问题

（一）溢价过高，粗放式开发模式难以为继

英超联赛作为头部赛事能最大化吸引受众，若某一平台能引入英超版权，对引流、扩大影响力作用效果明显，可以形成稳定且巨大的消费群体。但是优质头部赛事版权稀缺，而需求方较多，这就使体育赛事版权趋于卖方市场，导致了各平台之间的天价竞争，但是平台又忽略了国民对于体育运动的接受

度，盲目竞争，从而使运营压力加大。在英超版权的引进过程中，从最初的3年5000万美元增长到PPTV时期的3年7.2亿美元。与原来英超最大的海外版权市场美国比较，中国购买版权价格增幅过高，单赛季接近2.4亿美元的版权费用已经超过美国市场。这背后凸显的是中国体育赛事版权市场的飞速和盲目扩展，一旦出现全球疫情这样的黑天鹅事件，泡沫就趋于破裂，各大平台很难大规模烧钱维持高价的体育赛事版权。

现在拥有顶级赛事转播版权的大部分是大型互联网公司，对赛事转播权的运营没有经过低价培育期，直接进入粗放式的高价转播时代。转播体育赛事在我国仅有二三十年的历史，购入英超版权后，早期的大部分版权拥有方缺少对体育赛事转播权的运营经验，没有将版权价值最大化利用，出现“重购买，轻运营”的现象。在此前平台对于英超版权的运营中，没有针对比赛本身的前中后期的整体策划，仅仅依靠比赛本身吸引受众，爆点较少，缺乏附加内容，无法做到拉新和有效留存。

（二）缺乏国际体育赛事版权议价、续约主动权

由于国内体育联赛的职业程度、商业价值、竞技水平和观赏性等与国外体育赛事存在着一定的差距，所以我国媒体平台在收购体育赛事版权时大多将国际体育赛事的转播权作为购买的重点。但目前国际体育赛事版权的签订与续约话语权大多仍掌握在赛事持有者手中，且具有很强的议价能力，在转播权到期后，大幅提升转播权价格已成为常态现象。平台投入大量的资金获取英超联赛一个阶段的版权，一旦没有获得下一阶段的版权，就面临着用户流失、转变赛道等一系列问题。

（三）国内球迷内容付费行为缺失

我国初期播放体育赛事时，几乎所有比赛都是免费观看，例如NBA、国内篮球足球联赛、五大联赛等，观众不需要付费就可以收看所有体育比赛，这归因于我国过去的体育赛事版权长期被传统媒体尤其是电视台垄断，而电视台有着其他板块的收益，导致内容付费的收益没有被重视。在长期的免费内容提供环境下，用户对于付费内容很难快速接受。虽然体育赛事的用户在我国是庞大的群体，但是愿意付费的少之又少。例如PPTV推出会员488元/年套餐，腾讯体育会员698元/年，尽管观赛套餐比早期的乐视视频、新英体育价格更便宜，性价比更高，但是会员累积的速度依然迟缓。

四、我国体育赛事版权运营的反思

（一）完善体育赛事版权价值评估体系，确定合理交易价格

平台方在购买体育赛事版权前，首先要进行充分的版权价值评估，包括该体育赛事所在国家和地区经济发展状况、体育赛事法规政策及该赛事持有者的信用、资质等，以便充分了解该体育赛事发展情况和发展前景，预测和分析版权价值，确定合理的版权交易价格。我国版权价值评估体系尚处在发展阶段，缺乏统一的评估体系，不论是相关部门还是版权评估机构，都要完善版权评估体系和版权评估行业管理制度，强化评估能力和水平。

（二）精细化运营，注重内容生产和提高品牌效应

首先，拥有体育赛事版权的平台要进行平台建设，对比赛内容观看界面进行人性化设计，对比赛内容进行精细化运营。比赛开播前，应对之后要转

播的比赛、比赛解说嘉宾及赛中活动等进行转播预告，加深用户记忆，在腾讯体育直播间内，全新的直播体验打破以往直播卡顿、单一视角、枯燥无味、画面单调的刻板印象，通过全新演播室、先进的图像分析技术、多视角的观看模式、一流的解说团队和报道团队、多样的互动方式实现了用户的极致体验。其次，对体育比赛内容进行衍生内容生产，包括平台方制作一系列衍生节目。例如，腾讯体育在转播英超比赛时的《对话英超》《我要上中场》等节目及和球迷互动的小游戏等，其衍生内容和比赛本身可以产生叠加的效应。再次，平台方要进行个人 IP 打造，培养属于平台方的意见领袖。同时，平台方要给予直播间用户更多的选择，如腾讯体育为球迷提供了主客直播间以及方言版直播间供选择。最后，平台方要尽可能打造和完善内容生态，吸引媒体、体育机构、自媒体及普通球迷在平台进行内容生产。

（三）关注小众体育赛事版权，吸引长尾受众

获得转播权不是目的，通过贸易活动取得经济上的收入才是网络平台购买转播权的主要目的，这是版权制度最初产生的原因，同样也是维护版权的主要原因。顶级的体育赛事稀缺，平台可以关注小众化体育赛事，加大位于转播权版权尾部资源的开发和运营。当前，被各大平台方争夺的都是篮球、足球等项目，而棒球、橄榄球及大部分女子体育项目关注度较小，这一类体育赛事版权费用相对较低，但是仍然可以吸引相当多受众，如 2021 年 NFL 超级碗赛事中，在腾讯体育观看人数达百万。

（四）自主培育赛事 IP，版权“买”与“卖”并重

我国体育市场环境快速扩张，带来的是巨大的流量。平台方培育打造自主体育赛事 IP，可以有效地降低平台对顶级体育赛事版权的依赖性，提高平

台自身的市场竞争力。腾讯体育在引进体育赛事版权的同时，打造了企鹅名人赛、超新星运动会等一系列自主赛事，并且实现了自有版权的售卖，实现平台利益最大化。打造体育泛娱乐化，可借助体育和娱乐的跨界组合吸引非体育迷群体关注体育并完成体育迷的转化。

（五）实施传播渠道、方式多元化策略

移动互联网的发展为体育赛事提供了多元化的传播渠道。对于比赛赛事的直播内容，可以通过移动设备端、计算机端、智能电视 OTT 端等进行播放。比赛前，平台对比赛内容进行 PUSH 预告，根据赛前包装时长在比赛前 5 分钟到半小时之间进行比赛链接推送，中场对比赛实时比分及赛况进行推送，赛后第一时间对平台用户进行战报推送，并在微博、微信公众号等平台同步赛况内容，在短视频平台使用平台官方账号运营比赛短视频。多元化的传播渠道及方式可以最大化覆盖受众群，为受众带来丰富的信息，提供更多样化的选择。

五、结语

当前，我国网络平台对于体育赛事版权的运营还处于发展阶段，仍然有很长的路要走。从英超联赛前期的版权运营情况看，运营的核心不在于收购核心赛事版权资源，而是如何将体育赛事版权价值最大化，构建体育赛事持有者和赛事版权所有者共赢的发展模式。从腾讯体育对英超版权的运营来说，已经比较好地探索出了开发体育版权的模式，在后续的发展中还要结合不同的实际情况，带动受众积极地参与到赛事传播中，借助体育赛事版权的价值提高平台的品牌价值和影响力。

参考文献

[1] KPMG. Football Clubs' Valuation：The European Elite 2019 [R/OL].（2019–05–28）[2022–05–21]. http：//kpmg.com/dk/en/home/insights/2019/05/kpmg-ranks-the-32-most-prominent-european-football-clubs-according-to-their-enterprise-value-as-of-1-january-2019.html.

[2] 徐斌，王凯，徐晨忠 . 体育赛事版权开发制约因素分析——以苏宁体育足球赛事版权开发为例 [J]. 四川体育科学，2019，38（6）：6–10.

[3] 杜屹然，马瑞龙 . 体育赛事新媒体版权开发研究——以腾讯体育 NBA 为例 [J]. 山东体育学院学报，2019，35（3）：15–19.

[4] 郑成思 . 版权公约、版权保护与版权贸易 [M]. 北京：中国人民大学出版社，1992.

数字音乐版权“独家授权＋转授”模式分析

奥　丽　包韫慧*

摘要：数字音乐市场的发展促成了数字音乐版权“独家授权＋转授”模式的产生。在数字音乐的传播链中，版权所有者赋予了在线音乐平台转授版权给第三方的权利。作为在线音乐平台的主要商业模式，这一模式在打击盗版侵权行为和提高效率等方面发挥了积极作用。本文结合“独家授权＋转授”模式产生的背景，阐述了该模式的内容，对该模式的利弊予以分析，并基于该模式为数字音乐市场的发展提出了建议。

关键词：数字音乐；版权授权；竞争与合作

一、引言

目前，数字音乐产业链包含三个环节：上游环节由音乐创作者完成，即创作环节；中游环节由在线音乐平台完成，即传播环节；下游环节由用户完成，即消费环节。在这三个环节的不同主体中，在线音乐平台是数字音乐传播的媒介，它直接面向消费者，能够在一定程度上起到引导市场的作用。

2015 年 7 月，国家版权局颁布了《关于责令网络音乐服务商停止未经授权传播音乐作品的通知》，下令要求 2015 年 7 月 31 日前下线全部盗版音乐，对数字音乐市场进行了规范。在数字时代音乐产业的大背景下，数字音乐独

* 奥丽，北京印刷学院出版学院 2017 级出版专业硕士；包韫慧，北京印刷学院出版学院教师。

家版权现象应运而生，这导致了不同平台之间展开抢夺独家版权资源的行动，各平台间的竞争加剧，致使版权费用被哄抬，影响自由竞争市场的秩序，正版音乐资源的传播被限制在独家模式之中。由于不同平台各自掌握一些独家资源，如果不对这些音乐作品进行转授，那其余平台将无权播放；对于用户而言，由于版权分散，将导致用户使用时需不断转换平台、支付几倍的费用才能满足自身需求，操作烦琐、用户体验下降。音乐版权是服务大众的，而不是让音乐的收听变得复杂和不便。对于在线音乐平台而言，由于缺少足够的音乐作品而流失用户，运营成本会随着版权费用的增高而增高，变现压力增大，影响企业盈利。因此，版权不应被稀缺化。

2017 年 9 月，国家版权局与二十多家境内外音乐公司和唱片业协会约谈，对出现在我国数字音乐信息网络传播授权市场中的抢夺独家版权、哄抬授权价格、破坏音乐人和用户的权益、扰乱数字音乐市场秩序的现象作出批评，要求各平台之间及平台与音乐公司之间达成协议，在线音乐平台应在尊重正版的前提下，营造良好的音乐版权秩序，不得恶性竞价。这使各个在线音乐平台开启了将独家版权进行转授等多种合作关系。因此，新型商业模式——“独家授权 + 转授”模式应运而生。

二、数字音乐版权“独家授权 + 转授”模式的内容

目前，我国数字音乐市场主要有腾讯音乐、网易云音乐、虾米音乐、酷狗音乐等在线音乐平台，音乐制作者将信息网络传播权授权给这些在线音乐平台。为了避免因争夺独家版权产生的壁垒导致盈利水平下降，也为了扩大音乐作品的传播范围，平台开始探索和采用“独家授权 + 转授”的模式。这种模式在知识产权商业化尝试过程中的应用非常普遍。

在我国的数字音乐市场上，“独家授权＋转授”模式是一种商业经营模式，其开展主要来自我国版权部门的促成。《中华人民共和国著作权法》赋予了著作权人行使独家授权的权利，而著作权人在在线音乐平台签署的协议中约定了转授权条款，赋予了在线音乐平台转授版权给第三方的权利。“独家授权＋转授”并非封闭独占，而是具有相当的开放性，这样做的目的是扩大音乐作品的传播范围。作为知识产权保护与反垄断交叉的前沿领域，“独家授权＋转授”模式是有利于数字音乐市场发展的模式，转授权的应用能在保护版权的基础上提高作品的传播度，并能提高在线音乐平台的盈利水平。

多家大型在线音乐平台因此进行了洗牌重组。在线音乐平台各自独立，对音乐版权的争夺是他们在抢占市场的行动中采取的主要战略，但实际上是以版权合作的形式进行。在线音乐平台将更注重于共享数字音乐资源和提高传播效率，这将利于平台发展。2015 年，购买独家版权数量最多的是腾讯音乐和网易云音乐。随后，两家平台在音乐版权上进行了合作，涉及 150 多万个音乐作品，目的是得到更多音乐版权而占据音乐市场。此后，在线音乐平台之间互相转授权的行为也时常出现。

2018 年，国家版权局介入了在线音乐平台之间的版权垄断行为，目的是减少版权竞争引起的资源内部消耗，防止出现恶性竞争。在国家版权局的协调下，2018 年 2 月，网易云音乐与腾讯音乐达成了版权合作，但在同年 4 月，由于网易云音乐在转授权合作期间屡次发生侵权及超出授权范围使用行为，因此在 3 月 31 日网易云版权转授权到期后，作为版权代理方的腾讯音乐本着尊重及维护数字音乐正版化原则，暂停与网易云音乐的转授权合作，网易云音乐下架了大量相关音乐作品。这说明在转授权交易过程中，各方必须尊重版权、规范使用版权、保障音乐人及用户的合法权益，唯此才能发挥转授权模式对正版音乐的保护作用和对数字音乐市场的规范作用。

三、数字音乐版权“独家授权＋转授”模式的利弊分析

（一）有利于规范和繁荣数字音乐市场

我国数字音乐市场的盗版现象一度非常严重，导致音乐制作者缺乏动力进行创作、在线音乐平台难以盈利、用户产生理所应当享受免费音乐的消费观念，音乐产业整体环境恶劣。数字音乐版权“独家授权＋转授”模式作为知识产权的一种交易模式，有利于保护音乐版权。著作权人将权利交给在线音乐平台，当侵权行为发生时，拥有独家版权资源的平台及被转授的平台都会积极地投入打击盗版的行动中。因此，数字音乐版权“独家授权＋转授”模式有利于增进在线音乐平台发挥主体责任，调动打击盗版侵权的积极性，有利于遏制盗版、侵权行为的发生，有助于规范和净化数字音乐版权市场，有效维护音乐制作者的权益。保护音乐著作权的根本目的是促进音乐作品的创作、传播和使用，进而推动音乐产业的发展。在对独家授权的竞争中能使权利人获得更高的版权费用、扩大分销渠道，帮助权利人拥有更多资金进行产品的创作和生产。

付费音乐是在线音乐平台的主要盈利模式和发展方向，转授权模式能增加平台的曲库数量，给用户带来使用的便利，而丰富的曲库资源和高品质的音乐作品是用户付费的基础。用户流量和用户付费会激励在线音乐平台不断提升服务质量，平台通过会员曲库、音乐付费下载和数字专辑付费等模式，有效拓展用户付费市场，促进了音乐消费者的版权意识。在此基础上，消费者的增加会激发平台不断创新服务方式，形成不同于其他平台的优势。“独家授权＋转授”模式能够让音乐著作权人、在线音乐平台和音乐消费者三环节的主体实现共赢，有效推动数字音乐市场的长期繁荣发展。

（二）不利于中小音乐平台的发展

为了争取更多更广的版权资源，独占权争夺愈演愈烈，版权在一定程度上成为在线音乐平台拉开行业差距、打压竞争对手的工具。在首次授权阶段的竞价过程中，实力较强的大型在线音乐平台往往占有优势，而在对第三方的转授权阶段，这些平台常常起着议价主导的作用。而中小平台财力有限，无论在首次授权阶段还是转授权阶段，都陷于被动局面。这种由大型在线音乐平台主导的市场会使其他音乐平台边缘化，不利于中小在线音乐平台的发展。如果在线音乐平台依靠独家授权获得的支配地位引起了限制和封锁市场的问题，将有造成垄断局面的风险，打破数字音乐市场的竞争秩序。

四、基于授权模式的数字音乐市场发展建议

（一）注重法律保护，防止垄断

为避免数字音乐版权独家授权模式造成封锁市场的竞争风险和在线音乐平台滥用市场支配地位的问题，应在反垄断立法上对其给予指引，对数字音乐版权独家授权模式作适当限制。首先要明确的问题是，独家授权的产生反映了市场自由竞争的结果，造成数字音乐版权独家授权模式产生垄断的可能性的原因不在于这一模式本身，而是在于利用该模式进行限制市场的意图和行动。

因此，要明确需要进行防止垄断的条件，要对在线音乐平台是否进行封锁或支配市场的行为作出合理界定，并对垄断的可能性进行防控。例如，对在线音乐平台的独家授权进行适当规制，从源头上防止在线音乐平台滥用市

场支配地位的现象；平台为打击竞争对手而对第三方附带不合理条件的授权行为，是需要反垄断策略防范的；对具有垄断风险的授权交易做定期的竞争状况评估，反垄断立法机构要高度重视持有版权资源的平台的排除、限制竞争的行为；要构建明确的适用于转授权模式的责任体系。为了能实现音乐版权的保护和数字音乐市场竞争秩序的规范化，立法机构要制定相关政策避免垄断现象，但在进行防垄断的过程中，监管行动需以适度介入为原则。

（二）差异化竞争，多元化发展

数字音乐版权转授权模式的核心是“传播竞争”，即对用户的“流量”竞争。国内任何一家数字音乐平台都无法将所有音乐作品纳入门下，虽然腾讯音乐与其他平台的交叉授权比例高达 99%，但仅把 1% 的内容作为竞争要素。例如，腾讯音乐表示自己的曲库有超过 1000 万首音乐作品，在腾讯音乐对网易云的授权交易中将会涉及 200 万首音乐作品，这 1% 的作品基本来自人气歌手，这些优质版权资源具有较大的变现能力，而腾讯音乐并没将这 1% 的核心曲库转授给网易云音乐。

首先，针对互联网娱乐形式多元化的特点，各平台开始逐步探索差异化和精细化发展，增进对音乐周边的服务将成为盈利的重要方式。例如，网易云音乐注重于社群模式，定位为“基于发现和分享的移动社交音乐产品”，以社群经营的方式赢得大量客户，增强用户互动性，社交功能十分丰富；腾讯音乐在丰富版权的基础上推广粉丝模式，提供丰富的明星娱乐内容；阿里音乐以阿里集团的电商背景，将粉丝经济与平台运营相结合；酷狗音乐为用户提供 K 歌功能，注重发挥娱乐性能等。这些差异化竞争能扩大传播途径，将利于促进音乐市场的多元化发展。

其次，用户对音乐作品类型的需求也随着时代的发展而多样化，以往的小众音乐作品渐渐拥有更多受众。实际上，用户不会反复收听人气歌手和流行音乐，不同风格和形态的音乐都有受众，在线音乐平台的曲库内容竞争将逐渐向特色内容上转变。在互联网领域，用户对 99% 的小众音乐有着广阔的潜在需求，反映出用户对长尾内容的需求。不同种类的作品在音乐市场上的影响不断扩大，小众音乐有着可观的利润空间。“小众传播”与“大规模制定化”等商业概念的产生都说明小众作品在音乐市场中的重要性不断增强。因此，音乐内容是吸引用户的重要资源，围绕内容的服务方式也是平台盈利的重要方式。不同平台将在内容上求同存异，以各自的资源为基础进行多样化服务来吸引用户。

（三）科学推进转授权模式

数字音乐“独家授权＋转授”模式的运行依托于产业链中各主体间交易的自愿性原则，这种契约上的自由能反映出它的互利性。要认识和肯定这一模式在音乐产业发展中起到的重要作用，给予转授权模式自由的市场空间。与过去的实体录音制品不同，网络传播技术具有成本低和大众化的特点，同时，数字音乐市场涉及的主体更多，因此，在未来的发展中，可以积极探索“双边网络”所带来的“延迟收益”。在线音乐平台通过独家授权的方式，以差异化定价的双边市场经营模式最大化地利用版权资源加强平台用户规模，从而为音乐制作人和在线音乐平台带来收益和动力，促使数字音乐市场在转授权模式中向成熟化发展。

五、结语

随着数字音乐市场的不断发展，各大在线音乐平台之间达成的转授权模式是主流发展趋势，这种模式在现阶段有利于我国数字音乐市场的发展。在“独家授权＋转授”模式的合作中，曲库资源质量是拉动听众的主导因素，寻求差异化发展将是大势所趋。因此，为提升用户体验，转授权模式会使在线音乐平台努力优化平台建设，促使数字音乐市场积极发展。对于管理层和立法机构来说，如何平衡数字音乐产业链各方的利益、合理优化资源并结合我国数字音乐市场的实际情况及特征，对独家版权现象进行制约、对转授权模式进行适当推进并探索适宜我国实际的数字音乐市场模式是当下亟待解决的问题。

参考文献

[1] 佚名 . 国家版权局公布 2017 年中国版权十件大事 [J]. 新闻知识，2018（3）：85.

[2] 丛立先 . 网络音乐独家版权与独家版权代理的区别 [N]. 中国新闻出版广电报，2017–09–28（5）.

[3] 吕明瑜 . 数字音乐版权独家授权的垄断规制问题 [J]. 法治研究，2018（5）：51–53，41.

[4] 钱晓强 . 网络时代下数字音乐市场独家版权模式探析 [J]. 电子知识产权，2018（8）：22–29.

[5] 郑淑凤，沈小白 . 版权保护后时代互联网音乐平台营利问题的分析与对策——数字版权许可模式改进与新商业模式之探索 [J]. 科技与法律，2017（6）：12–22.

[6] 孙松 . 我国数字音乐著作权许可模式的动因、路径与展望 [J]. 编辑之友，2018（7）：76–79.

漫画作品的版权侵权探析

雷大艳*

摘要：漫画作品的表现形式随着互联网技术的进步而不断变化，其版权保护也随之面临着一些新的问题：涉及的产业链更深，渗透的领域更广，侵权盗版方式更多样、更隐蔽，这些都让版权保护主体在维权时的投入成本持续增多。本文在漫画行业迅速发展的背景下，分析了漫画作品版权侵权的现状，并提出了版权保护的发展建议。

关键词：漫画作品；版权保护

一、引言

据第49次《中国互联网络发展状况统计报告》可知，截至2021年12月，中国的网民总体规模超过10亿，庞大的网民规模为推动我国数字经济高质量发展提供了强大的内生动力。漫画产业作为数字文化产业的重要组成部分，也深受其影响。从传统的纸质单幅讽刺漫画、四格漫画、分镜式漫画、数字扫描版漫画到如今的高清条漫，漫画这种没有国界的世界语，随着我国泛二次元用户规模的高速增长，得到了越来越多年轻群体的喜爱。但随着用户增多的还有相应的版权保护问题。相较于传统纸质漫画，条漫的传播辐射性更广，用户的触及率更高，但侵权盗版的方式更多样、更隐蔽，渗透的领域更广，

* 雷大艳，北京印刷学院出版学院2020级出版专业硕士。

如何在技术广泛应用的情况下保护好漫画作品的版权已经成为一个长期困扰相关行业的问题。此外，随着新技术在行业内的运用，动态漫画这一新的漫画形式逐渐出现，但其发展仍处于一种摸索状态，没有形成相应的行业标准，这也给行业的版权保护带来了一定困扰。

二、漫画市场发展概况

为推动漫画行业的快速发展，我国政府发布了一系列政策措施。例如，2012 年 5 月发布的《文化部"十二五"时期文化改革发展规划》明确提出要"大力发展网络动漫、手机动漫等新媒体动漫"；同年发布的《"十二五"时期国家动漫产业发展规划》也提及要"重点推动传统动漫产品通过新媒体传播，发展壮大新媒体动漫产业"；2018 年 4 月由财政部、税务总局发布的《关于延续动漫产业增值税政策的通知》继续实施动漫行业增值税政策；2020 年 11 月文化和旅游部发布的《关于推动数字文化产业高质量发展的意见》明确提出要"推动文化产业与数字经济融合发展迈向新阶段，并以优质数字文化产品引领青年文化消费，引导创作满足年轻用户多样化、个性化需求的产品"；文化和旅游部又于 2021 年发布《"十四五"文化产业发展规划》，也明确提出要"提升动漫产业质量效益，以动漫讲好中国故事……打造一批中国动漫品牌，促进动漫'全产业链'和'全年龄段'发展"，等等。在国家各类税收减免、资金扶持、版权保护政策的扶持下，我国漫画市场的规模在 2020 年达到 34 亿元，并在 3 年保持 15% 以上的高增长率。此外，在付费阅读，漫画作品改编影视剧、动漫、游戏、小说，以及各类周边产品制作等多产业链的影响下，原生漫画 IP 的产业价值迅速增长。2021 年《新华·文化产业 IP 指数报告》显示综合表现前 50 位的 IP 中，原生漫画 IP 占比高达 20%，仅次于网络文学 IP，成为第二大文化 IP 来源。

三、漫画作品的侵权现状

版权保护一直困扰着漫画行业的发展。当下快速发展的新技术大幅度降低了盗版成本，这也给版权保护带来了一系列新问题。

（一）侵权盗版方式多样、隐蔽

在数字化时代，漫画作品的侵权盗版方式不再局限于将传统的纸质漫画扫描后上传，它还可以通过非法网站、App、网盘、云盘，以及自媒体平台等途径传播，且这些途径更具隐蔽性。

1. 非法网站及 App

通过盗链，搭建服务器，或者通过长截屏等手段在自建网站、移动 App 上发布盗版漫画，是危害最为深远、影响最为广泛的一种盗版方式。在这种盗版方式下，除了非法网站及 App 本身，搜索引擎也在其中扮演了重要角色，其通过为非法网站和非法 App 提供流量及一定下载量从而赚取非法利益，导致这一类盗版方式难以根治。例如，2015—2016 年，“漫画帮”“魔屏漫画”网站未经许可刊登了“腾讯漫画”上的连载漫画作品，之后“腾讯漫画”将二者起诉。2017 年，在搜索引擎上搜索域名为“translun.com”的“青之蓝漫画网”或“青之蓝”移动 App，打开后可以看到由“快看漫画”刊登连载的付费漫画作品《蓝翅》，且漫画上打有“青之蓝”的水印。“快看漫画”相关负责人在察觉到此盗版行为后立即与青之蓝公司联系，要求其删除被盗作品，在协商无果的情况下，“快看漫画”将其起诉。

2. 非法网盘或云盘链接

近几年，由于互联网技术的迅速发展，微博网盘、各类云盘得到了众多用户的喜爱，一方面可以释放内存，将重要数据文件存储在云端；另一方面则是为了和好友或他人分享资源。诚然，这种盗版方式较少有人是出于经济收益目的，但这带来了漫画的版权侵权问题。由于网盘或者云盘在不进行实名认证的情况下也可以使用，且具有一定隐蔽性，用户分享的链接多分散在各类搜索引擎、社交媒体软件上，这就促使盗版漫画的传播范围更广。虽然国家版权局出台过《关于规范网盘服务版权秩序的通知》，但在规模大、传播快、分散广的用户群体的推动下，这种方式仍给漫画侵权提供了诸多机会。

3. 自媒体平台

近几年，各领域主体为了争夺在自媒体平台上的用户，纷纷涌入以微信公众号和微博为首的自媒体平台之中，而这类自媒体账号发布的内容大多是机器审核，且拥有着诸多“马甲”，那些被用户举报关停的账号只要换个“马甲”就可以继续为受众提供服务。例如，2020 年 2 月，知名漫画作者伊吹九月在微博揭露，在河北省共青团发起的主题网络文化作品征集中，其作品被人盗用取得了优秀奖。2019—2020 年，深圳一九七九科技有限公司在其运营的微信公众号“土豪次元漫”“奇妙次元漫”，App“土豪漫画”及两个同名网页端上传诸多由“快看漫画”刊登连载的付费漫画作品，如《DOLO 命运胶囊》《捡到只小狐狸》《谷围南亭》等，为此，“快看漫画”多次将其起诉，相关的一审民事判决书多达十余篇。在经诉讼后，该公司已将相关免费漫画服务转至其他“马甲”上，可谓“野火烧不尽，春风吹又生”。

（二）侵权盗版行为涉及全产业链，渗透多领域

漫画产业链包括内容生产、内容传播及衍生变现三个主要环节。其中，内容生产环节主要由漫画作者及漫画工作室完成，如夏天岛、十字星；内容传播主要是诸如“快看”“腾讯动漫”“微博漫画”等在线漫画平台进行；衍生变现则分为实物衍生品开发、销售平台及泛娱乐内容开发、运营平台，前者如潮玩星球、乐高，后者如企鹅影视、哔哩哔哩。

当下的漫画作品侵权盗版行为包括盗取漫画作者、工作室创作的作品，利用漫画作品中的角色形象、道具、服装等元素制作实体衍生品，甚至有未经著作权人许可直接对漫画作品进行改编及在相关产品中使用漫画作品中的主要人物等的行为。这些侵权盗版行为渗透至漫画、影视、周边产业等多个领域，给各领域均带来了极大的损害。例如，北京田宥盈文化传媒有限公司、重庆天成合影视文化传媒有限公司等四家公司未经《整容游戏》著作权人金某、快看公司的许可，擅自利用漫画《整容游戏》改编网剧《欲望》，二者在人物设置、人物关系及相关情节上虽有一定出入，但是两个作品的核心内容，即故事大纲是相同的，故在该案件二审时上海知识产权法院判定网剧《欲望》侵害了漫画《整容游戏》的署名权、改编权及摄制权。但由于《著作权法》保护的是表达而不是思想，因此诸如此案件的“融梗”行为在法律上很难界定为抄袭，就像该案件一审时，上海市徐汇区人民法院便判决网剧《欲望》并未侵犯《整容游戏》的相关权利。

（三）漫画新形态的出现给版权侵权提供了机会

动态漫画是互联网技术发展下衍生出来的漫画作品的新形态，具体指在静态漫画作品的基础上通过数字软件给角色、背景事物等添加简单的动作效

果，加上镜头的推拉摇移，最后再配上旁白、对话和音乐等制作而成的“动”漫画。它介于漫画和动画之间，既保留了漫画的表现形式和叙事方式，又借鉴了动画的制作方式与经验，因此具有视听一体化、制作成本低、周期短等特点。

在《著作权法》下，漫画作品可以被纳入美术作品的范畴进行保护，动画作品可以被纳入视听作品的范畴进行保护，那介于二者之间的动态漫画该以何种作品类型进行保护？是列入视听作品保护范畴，还是列入“符合作品特征的其他智力成果”这一兜底条款？目前，动态漫画并没有一个明确的法律定义和范围，也缺乏相应的版权保护政策，这就给侵权带来了便利，对版权保护造成了困扰。

四、漫画作品版权保护建议

为解决漫画作品在发展中突出的版权侵权问题，促进其进一步健康、有序地发展，本文从以下几个方面提出建议。

（一）加强对漫画作品侵权盗版途径的治理

在面对侵权盗版行为时，各大漫画平台多采用自主举报、投诉的方式来维护自身的合法权益。同时，国家也通过“剑网行动”等盗版打击活动来整肃网络版权环境。有关数据显示，2021 年各级版权执法监督部门查办网络侵权案件 1031 件，有效处理侵权盗版链接 119.7 万条。在这种大背景下，近年来专业化的大型盗版网站、App 已经相继关停，网盘、云盘及自媒体平台链接也相继失效，但作为长尾的中小型非法网站依然大量存在，且更加分散和隐蔽，大多需要通过在搜索引擎上“跳转”才能实现网站的访问。

针对这些中小型非法网站、App、网盘、云盘等的治理，需要各级版权执法监督部门加强与搜索引擎及提供流量入口的网络服务商的合作，强化这些网络服务商的监管责任，让他们承担起与其管理能力和技术能力匹配的审查义务。针对自媒体平台的治理，则需要这些平台积极增加更多服务于版权保护的功能。例如，ACG（Animation、Comic、Game 的缩写，即“动画、漫画、旅游”）爱好者社区 LOFTER，在平台上设置了不能下载作品原图的功能。此外，作者在上传自己的作品时，也可以选择低像素上传，这在一定程度上利于漫画作者保护自己的版权。

（二）注重漫画作者的著作权合同签署

不管是漫画作者与签约漫画工作室、漫画平台之间的版权纠纷，还是其作品在后续商业化开发过程中的授权纠纷，最为关键的就是漫画作品著作权合同的签署。因此，漫画作者要提高自身版权意识，在签署合同时认真阅读著作权合同的各项条款，厘清转让的权利种类，转让的期限、方式，双方的利益划分及权责。2016 年，在漫画行业轰动一时的漫画作者夏达与夏天岛工作室的纠纷，根源就在于一份长达十年的双方权益极不平等的合同，合同表明：“作品的署名权、保护作品完整权归属于夏达，除此之外的修改权、发表权及所有财产权利均归属于夏天岛工作室，且第三方关于作品进行的任何合作或任何商业活动，工作室无须向作者支付任何费用。”这就剥夺了作者在其作品的后续合作或者商业化开发中的所有收益。这一事件为广大的漫画作者敲响了签约的警钟。

（三）积极推动翻译作品的合理发展

那些能够被正版在线漫画平台引进刊登的翻译作品，多为热门作品且在内容上做了一定的删减，如“快看”引进的《鬼灭之刃》《天使拍档》等。而更多的翻译作品在国内市场的存在很大程度上是由于大量翻译制作国外漫画作品的民间翻译组织的存在，他们多以“仅供交流学习，禁止用于其他用途”的名义发布免责声明。首先，为减少这类作品的盗版泛滥，要对民间翻译组织内部人员进行相应的版权知识教育，让他们理解自己的翻译、发布行为不仅对原作者的合法利益造成了损害，也对国内的众多读者造成了一定影响。其次，为推动翻译作品的合理发展，一方面民间翻译组织可以尝试与原作者联系，从而获得作品的翻译授权；另一方面，在发布翻译作品时，可以通过对读者资质的审查，如是否已经成年，是否具有独立思考能力等，来进行小范围的传播。

（四）完善相关法律法规建设，加大惩罚力度

侵权盗版行为所承担的法律风险相较其带来的流量、经济收益而言微不足道，这也是当前盗版行为泛滥的主要原因。在上述提及的各类侵权盗版案件中，得到著作权人及漫画平台维权上诉的多为具有高人气、高流量的漫画作品，而更多的流量一般、人气一般的漫画作品被盗版之后，法院最终判决的赔偿金额可能还不足以支付举证、聘用律师、法院受理案件等为维权支付的合理费用。因此，为让权利人敢于维权，并在维权时有法可依，国家应该明确上述各类新型漫画作品侵权盗版方式下的相关立法和司法解释，明确法律适用。同时，应制定动态漫画的具体法律定义、范围，并推动相关司法实践的审判进程，从而制定同类案件的裁判尺度，让动态漫画的版权保护得到有力支持。

（五）利用新技术服务于漫画作品版权保护

技术能为漫画作品的版权侵权提供便利，相应地，也能服务于版权保护。例如，通常情况下，判断一部漫画作品是否侵权，最直观的就是看侵权漫画图像与被侵权漫画图像是否相似。而图像特征提取和匹配技术是用于图像检索、目标监测方面的重要技术，可以利用其来自动提取漫画作品的特征（包括人物肖像特征、场景特征等）从而辨别其版权归属。

五、结语

漫画行业作为文化 IP 的第二大来源，其产业价值得到快速增长，但随着漫画内容生产主体、网络传播主体及衍生变现主体在作品版权维护方面的持续投入，他们的利润空间也被不断压缩。长此以往，会打击行业从业人员的积极性。因此，为推动漫画行业的有序发展，增强动漫产业在数字文化产业中的所占比重，加强对漫画作品侵权盗版途径的治理、注重漫画作者的著作权合同签署、积极推动“汉化”作品的合理发展、完善相应法律法规等，都是需要长期坚持的事。

参考文献

[1] 中国互联网络信息中心 . 第 49 次《中国互联网络发展状况统计报告》[R/OL].（2022–02–25）[2022–07–13]. http：//www.cnnic.net.cn/n4/2022/0401/c88-1131.html.

[2] 佚名 . 2021 年中国二次元产业研究报告 [J]. 国际品牌观察，2022（8）：69–74.

[3] 王紫兰 . 网络漫画盗版的现象分析 [J]. 传播力研究，2019，3（19）：269.

[4] 艾瑞咨询 . 2020 年中国网络文学版权保护研究报告 [R/OL].（2020–06–22）[2020–07–13]. http://report.iresearch.cn/report/202006/3595.shtml.

[5] 艾瑞咨询 . 2020 年中国动漫产业研究报告 [R/OL].（2020–05–25）[2022–07–13]. http://report.iresearch.cn/report/202005/3580.shtml.

[6] 中国出版传媒商报 . 中国版权协会发布《2021 年中国网络文学版权保护与发展报告》[EB/OL].（2022–05–28）[2022–07–13]. http：//www.weixin.qq.com/s/WZi2LQANOvbOWRu1EDqNYA.

[7] 张怡然 . 浅论网络环境下的漫画作者版权保护 [J]. 公关世界，2021（12）：186–187.

[8] 李东兴 . 基于 ASIFT 和图像哈希的数字漫画版权识别技术研究 [D]. 吉林：延边大学，2021.

自媒体时代网络表情包的版权保护机制研究

王 倩*

摘要：在人人都是自媒体的大背景下，因表情包发生的侵权纠纷与日俱增。本文从制作与使用表情包的行为出发，具体以微信平台的表情包为例，阐述了网络表情包的侵权现状，对微信“大黄脸”表情侵权案进行个案分析，进一步探讨了自媒体时代一些网络表情包构成侵权的原因，着重分析网络表情包的版权保护及现存问题，进而从政府加强法律法规建设、平台增进盗版侵权监管与公众提升媒介素养教育三个方面出发提出相应的建议，为营造网络版权优良生态提供借鉴。

关键词：自媒体；表情包；版权保护机制

一、网络表情包的概述

（一）网络表情包的概念

在互联网高速发展的大背景下，社交网络在逐渐改变人们的生活方式，更多的新文化在社交媒体的基础上呈现快速发展和分化的趋势。表情包是一种新型的社交手段，是指人们在即时通信中采用图片、视频截图、卡通动画、文字等素材制作的具有动态或静态效果的表达交流工具。其在不断地发展变化中，既承载着旧文化，又孕育着新文化。

---

* 王倩，北京印刷学院出版学院 2020 级新闻与传播专业硕士。

20世纪30年代，哲学家海德格尔提出了“世界图像时代”的概念：“根本上世界成为图像，这样一回事情标志着现代之本质。”“世界图像时代”来临的标志就是人们用表情包替换纯文字进行交流。特别是在自媒体时代，图像处理技术的发展使每个人都可以成为图片的拍摄者、传播者抑或编辑者，表情包的制作越来越低门槛化。

（二）表情包的种类及功能

网络表情主要分为两类。一类是表情商店里的表情，通常情况下，即时通信软件如微信或QQ都会提供这种表情，如Emoji大黄脸、阿狸及兔斯基等卡通形象。一般来说，这种表情包都是由专业的制作团队或人员制作的，需要创作者构思付诸心血形成，并且有些表情包是要收费的，具有独创性，常常被作为版权保护的客体。另一类是自制表情，是网民以时事热点、个人爱好、影视人物、流行明星、动漫形象为表情素材，将相关片段进行二次加工，免费传播的一种表情，如“苏大强”“黑人问号脸”等，此类表情包不仅被著作权法保护，还涉及肖像权和名誉权，更容易牵扯版权纠纷。

表情符号以其直观、低门槛、娱乐性、高容忍度等特点在网络社会中得到了广泛的应用。它们具有很强的可塑性和包容性，带来了很多商机。

（三）自媒体时代表情包的发展现状

这个时代不仅人人都是自媒体，而且人人都可以成为自媒体。自媒体，即普通大众通过网络等途径向外传播自己或他人所创作的事物的一种方式。

随着移动互联网时代的到来，数字技术快速发展，4G、5G智能手机的普及，各大移动社交网络平台自带的官方表情包发展得更为成熟，不仅专业化表情包制作团队迅猛发展，个人也能随心所欲制作表情包，并且自媒体时代表情包的创作多与当下热点事件和人物相结合，借助社交网络平台的传播优势，很容易迅速引起网民共鸣，进而提高网络话题的讨论度，使表情包火爆起来，逐渐成为一项新兴的文化产业。

腾讯还推出了微信表情开放平台，个人和团队可以根据平台上公布的表情制作规范和投稿指南来上传表情，新上线且数据表现良好的投稿表情还有机会出现在微信表情的“最近热门”推荐栏目中，平台定期发布微信投稿表情月度榜以激发原创作者的创作积极性，榜单包括当月比较受欢迎的原创表情精选排行榜及累计发送次数和人均发送次数的表情排行榜。此外，出于对作者原创表情包作品的保护与支持，从 2015 年 12 月起微信表情开设了打赏功能，用户在使用原创表情的同时，可以通过微信支付打赏作者。随着自媒体创作者的不断增多，各式各样的表情包陆续推出，表情包文化空前繁荣。

二、网络表情包版权保护机制

（一）网络表情包的侵权现状

1. 著作权侵权

表情包的制作大多建立在影视、动漫等原作品基础之上。依据 2020 年第三次修正后的《中华人民共和国著作权法》（以下简称《著作权法》）第十条，作者依法享有发表权、署名权、修改权、改编权、保护作品完整权等。大部分表情包都是根据一定作品改编而来，属于演绎作品。而依据著作权法规定，作者在行使演绎作品著作权时不得侵害原作品的著作权。具体而言，应当标明演绎作品的来源和原作品作者名称。若制作表情包是用于商业盈利，如制作的表情包应用于聊天软件并需要付费下载，则还需经原作品作者同意，并向其支付一定的报酬。有些已进入公有领域且不能明确原创作者的表情包则除外。若是使用影视剧照制作表情包则不仅需要征得剧照中演员的同意，还需要影视制作方的许可，并支付一定的报酬。

从著作权的侵权认定来说，存在两大侵权抗辩事由：合理使用与法定许可。微信“大黄脸”表情侵权案中北京青曙网络科技有限公司未经法定许可也未合理使用，在其所运营的“吹牛”应用软件中放置微信“大黄脸”表情，最终被判向腾讯科技公司支付经济损失 30 万元。腾讯将表情包作品用于社交软件供用户免费用，但并不意味着他人可将这些表情用于自己的社交软件中。

2. 肖像权侵权

《中华人民共和国民法典》（以下简称《民法典》）第一千零一十八条规定，“自然人享有肖像权，有权依法制作、使用、公开或允许他人使用自己的肖像。”该条法律说明构成肖像权侵权的两个主要条件：一是未经肖像权人同意，二是以营利为目的。但是不以营利为目的制作他人表情包也有可能构成侵权。

肖像权人的许可分为明示许可与默示许可。明示许可是指通过口头或书面的方式公开表示允许他人使用其肖像。默示表示指肖像权人虽未明确表示，但是可以根据事实推断其默示允许他人使用其肖像。例如，在微信中频繁出现某明星的真人表情包，并没有遭到该明星的反对或起诉，视为肖像权人默许不特定网络主体使用其人物形象。微信表情开放平台甚至还邀请明星制作其专属表情包，粉丝可自由选择购买。但是值得注意的是，如果对方追究，用肖像制作表情包斗图，还需要承担法律风险，并且利用表情包出售营利，也算是侵犯肖像权。

（二）网络表情包侵权原因分析

1. 缺乏相应监督机构

网络表情包具有使用便捷、传播速度快的特点，但对其使用的监管和引导存在空白，在缺乏监督的条件下易产生侵权事件。我国发生的表情包著作权侵权事件中，经常是权利人自我保护防卫，通过双方相互协商或是提起诉讼来处理问题。社会组织、政府机构和互联网企业缺乏监管义务，三者在保护网络表情包原创者权利方面均没有设立相关机构或一个集体组织及时对网络表情包的使用情况、侵权行为进行实时监管，遏制侵权行为。如果侵权速度快于维权速度，仅仅靠著作权人的力量，很难有效地制止表情包被非法使用的行为。

2. 合理使用范围不明

使用网络表情包的方式因人而异，倘若没有确切的使用范围，使用者会以合理使用为抗辩事由侵犯著作权人的权利。使用表情包易涉及侵权的情况主要有三种：一是对在原网络表情包作品的基础上进行修改，如变换卡通形象的颜色，上妆，或者添加气泡、月亮等素材，制作新的表情包；二是在一个平台下载网络表情包后，在不同的社交媒体平台发布；三是权利人没有公开发表自己设计的表情包成果，仅仅在私密群、兴趣群等特定少数人的范围使用，不过同时也会存在他人继续向不特定的群体转发的隐患。我国司法解释没有明文规定网络表情包的合理使用范围，权利人和使用者易产生认知冲突。我国法律规定著作权利的取得采取自动取得的方式，作品创作完成之日起默认作者享有著作权，可是表情包的使用范围广、形式多样，如果没有法律对表情包的合理使用进行明确规定，就不利于著作权人的权利保护。

（三）网络表情包的版权保护及问题

1. 登记制保护

由于表情包具有数字作品的性质，对表情包进行数字版权唯一标识符（DCI）登记较为合适。版权登记后即可获得登记证书，尤其在发生著作权争议时，可为作品归属造成的版权纠纷提供初步证据。厦门萌力星球网络有限公司与北京十二栋文化传播有限公司均专注于原创表情包设计及运营，及时对表情包进行作品登记，两家公司积极就表情包版权产生的复制权、发行权、信息网络传播权进行维权，且维权成功。

但目前表情包版权登记现象并不普遍，原因在于：一方面，绝大多数表情包作者的版权登记意识较为薄弱，同诸多著作权人一样，只有在侵权发生之时才认识到登记的效力；另一方面，表情包的创作者仍然对表情包版权的登记有疑虑，考虑到表情包的价值与版权登记成本并不匹配，所以无意登记。

2. 平台保护

自媒体时代，人人都是创作者，而互联网信息传输速度之快、传播范围之广，使表情包作者的著作权主体身份较难确定，在无相反事实证明的情况下即推定将表情包发布在社交平台的作者为表情包的著作权人。当表情包的下载量达到一定程度后，即可开启网友自愿打赏功能，对表情包的使用进行付费即表达了对表情包版权的尊重。上述流程形成了表情包版权的平台式保护。

平台式保护的保护力度较为薄弱，其根本原因在于表情包作者的著作权主体身份较难确定。当表情包通过各种方式上传到网络后，著作权人就成了“出版人”，不仅自己无法在法律上为自己证明身份，而且他人也难以为自己辩护。

三、自媒体环境下网络表情包版权保护的建议

（一）完善相关法律条款，加强法律法规建设

在数字时代，进一步加快推进、完善版权保护的法律法规工作，显得必要而迫切。同时，有关版权保护法律的修改，最好做到有前瞻性；否则，新修改的版权保护法，很可能一出台就滞后。

首先，政府加强对《著作权法》的法律责任条款与《民法典》的责任条款的衔接，在《著作权法》和《民法典》增加惩罚性的侵权赔偿条款，以保护表情包产业健康发展。其次，引入使用许可机制和利益分享机制，化解表情包版权保护中表情包版权与视频或照片中人物的人格权，以及原素材的版权之间的利益冲突，从而促进表情包的创作与传播，保障表情包版权的顺利生成和有效增值，推进表情包版权产业的持续发展。

（二）加强盗版侵权监管，创新保护模式

首先，平台增强表情包版权网络执法力度。突出整治未经授权非法传播表情包网络版权侵权行为，确保权利人的正当权益；重点排查智能移动终端第三方应用程序、电商平台等网络平台上的侵权盗版行为，维护表情包版权正常秩序。

其次，对于表情包产权中的财产权部分应当通过发展适当的模式以给予更强的保护。本文以微信为例提到了表情包营利模式，其中付费下载模式相对于根据使用者的心情随意打赏或者具有不公平性的一次买断等模式更利于保护表情包著作权。除去给予负责进行交易部分的平台的相关费用之外，都是创作者的个人收益。平台也可以启动 IP 模式（知识产权合作模式），将表

情包授权给厂商，合作生产衍生品。此模式下表情包内容生产不再单一化，而是能产生更多的联动效应。

（三）提高公众的版权保护意识，增强媒介素养教育

表情包不能仅仅成为人们消遣娱乐的工具，其一般价值应当得到尊重。

很多表情包用户认为表情包的创作不值一提，更不用说收费与否。创作者也有自己的感觉：创建的只是一个表情包，不需要申请版权，即使版权受到侵害，他们对此也无能为力，只能哀叹有关部门未能更好地控制它。关于表情包侵权问题的新闻报道不多，以表情包在肖像权或名誉权方面受到侵犯为主，很少有人关注表情包本身的侵权问题及著作权保护的重要性。所以要提高公众的版权保护意识，增强媒介素养教育。媒体及知识产权部门可以更多地推广知识产权保护的重要性，让人们在创作之时能意识到申请著作权保护，从而在社会上催生出一种表情包版权保护的需求。个人应该转变对于表情包的态度，对于自己和他人精心创作的作品抱有一种敬意。

四、结语

自媒体的出现，对于表情包版权保护来说既是一个机遇，也是一个挑战。自媒体时代的快速发展，推动了表情包的广泛应用，也带来一系列的表情包版权保护问题。它在信息资源共享和促进文化作品传播方面具有无可比拟的优势，如若版权障碍能够得以排除，必然会促进文化作品的空前繁荣。基于表情包制作与使用的特殊性质，应对表情包进行版权保护，并通过完善相关法律条款、增强平台的监管与加强公众版权保护意识，促进表情包的创作与传播，保证表情包版权的有效增值，推进表情包版权产业的持续发展。

参考文献

[1] 黄术，陈宗波 . 论网络表情包的著作权保护 [J]. 齐齐哈尔大学学报（哲学社会科学版），2020（12）：84–89.

[2] 曾妍 . 社交媒体中表情包的特点及流行原因 [J]. 青年记者，2017（9）：101–102.

[3] 伍静 . 新媒体时代表情包发展的传播学解析 [J]. 出版广角，2016（15）：83–85.

[4] 邹凌云 . 制作、使用表情包所涉侵权责任的认定 [J]. 法制博览，2017（18）：112–114.

[5] 罗佳 . 用明星真人表情包会侵权吗？[N]. 工人日报，2016–12–17（5）.

[6] GERVAIS D J. Feist Goes Global：A Comparative Analysis of the Notion of Originality in Copyright Law [J]. Social Science Electronic Publishing，2002（4）：949–981.

[7] 段维 . 网络版权保护论纲 [M]. 武汉：华中师范大学出版社，2012.

[8] 王岚，张含晶，李耘 . 浅谈数字出版侵权的危害及其对策 [J]. 新闻研究导刊，2015，6（11）：168.

[9] 铁金玲 . 表情包的 IP 化开发策略 [J]. 电视指南，2018（6）：209.

[10] 李丽辉，迟浩早田 . 对我国表情包可版权性及版权保护的思考 [J]. 邵阳学院学报，2019（3）：49–55.

[11] 伏梦迪 . 表情包的版权属性及保护策略初探 [J]. 法制与社会，2017（10）：222–223.

[12] 付丽霞 . 即时通讯中表情包版权保护的争议、冲突与应对 [J]. 科技与法律，2019（1）：34–39.

基于《著作权法》修正
对新闻作品版权保护的分析

王婧茹 *

摘要：为纪念《著作权法》实施30周年，本文基于新修正的《著作权法》对其中新闻作品版权的保护作了分析，并将该法对时事新闻这个条例的修改作为主要分析对象，探索了保护新闻版权的重要性及其途径。

关键词：新闻作品；版权保护；著作权法；修正；时事新闻

一、保护新闻作品版权的重要性

保护新闻的版权，就是保护其著作权。如今关于传统媒体的新闻作品被侵犯版权这一现象随处可见。由于新媒体在采编方面不敌传统媒体，一些网站与自媒体通过转载传统媒体的新闻作品实现自家新闻内容的传播，以此来获得浏览量与用户，最终实现营利的目的。今日头条创立时称，不做新闻的生产者，只做其搬运工。然而这种搬运如果没有获得原创作者的同意，也并没有支付其报酬，就严重侵犯了新闻作品原创者的版权。在此之前，国家“剑网行动”更是指出了自媒体洗稿和违法转载等一系列版权侵权的问题。

对于新闻是否应该有版权上的保护，其他国家曾为此进行了讨论，但是

* 王倩茹，北京印刷学院出版学院2019级新闻与传播专业硕士。

如果对纯消息进行版权保护，就会妨碍新闻信息的传播，剥夺公众知情的权利，关于新闻版权保护的立法最终以失败告终。

一个新闻作品要想有好的社会反映的前提是，此新闻作品被广泛地传播，以此来实现新闻的公共性特征。但是在互联网时代，传统媒体记者所采写的新闻被搬运、洗稿、转载、抄袭，传统媒体成了新兴媒体的免费劳动力。

二、新闻版权保护中的挑战

除直接无偿转载之外，还有人打着著作权法是不保护时事新闻的幌子，对新闻作品进行洗稿。2019 年年初，微信公众号“呦呦鹿鸣”上发表的一篇名为“甘柴劣火”的文章，被财新网记者质疑其洗稿。Web2.0 时代下的今天，通过互联网这一媒介就能完成对他人劳动和智力成果的复制，并且进行传播。一些拥有大量用户的新媒体及自媒体平台，转载他人的新闻作品，既没获得原创作者的同意也不标注文章具体来源，支付转载费用就更不用说了。网络在促进新闻信息快速传播的同时，也为想不劳而获的人图了方便。

由于侵权门槛低，维权成本高、时间长、赔偿金额低等都是普遍问题，导致被侵权者维权困难。《现代快报》曾因《今日头条》在没有在其授权的情况下就自行转载其内容而提起诉讼。在经过漫长维权之后，最终判决今日头条违法转载，并付赔款 11 万元。

同时，还存在法律界定不明导致的误读。2010 年《著作权法》中第五条第（二）项明确“时事新闻”不适用于著作权法，即使用时事新闻时不需要被许可，也不用支付相关费用。其中时事新闻概念的表述也比较模糊，就误解为了新闻没有版权。虽然此前《中华人民共和国著作权法实施条例》明确了时事新闻仅仅是单纯事实消息，一旦时事新闻构成新闻作品就是被法律保护的，但这样一个打补丁的动作很难起到法律层面的效果，使得新闻媒体面临维权难题。

人工智能的发展也对著作权法提出了挑战。人工智能是新媒体发展面临的重大机遇之一，大量机器人写作的内容进入传播领域，而关于机器人写作的版权保护问题给相关法律的制定提出了新的挑战。

三、保护新闻作品版权的途径

（一）完善法律法规

实现新闻版权的保护，首先还是要从法律法规的层面上进行明确。2020年11月11日，十三届全国人大常委会第二十三次会议表决通过了关于修改《中华人民共和国著作权法》（以下简称“2020年《著作权法》”）的决定，自2021年6月1日起施行。2020年《著作权法》将2010年《著作权法》第五条第（二）项的“时事新闻”不适用著作权法，修改为“单纯事实消息”不适用著作权法。此条例的修改是新闻版权保护在立法上的进步。我国《著作权法》于2020年迎来施行30周年，此次修改是10年来的首次修改，也是30年来最大幅度的修改，这绝对是必要的修改。

此次修正加强了对新闻作品相应的著作权人的保护，强调了受著作权法保护的作品需要具备独创性，这意味着时事新闻只要体现其独创性，且能够是著作权意义上的作品，就属于智力成果。也就是说，除了简单的“单纯事实消息”即基本的5W要素外，能够反映出作者的看法和观点，凝结了作者具有创造性劳动或智力的作品，就是新闻作品，就被著作权法所保护。

2020年《著作权法》从立法上解决了这一问题，对新闻作品版权的保护有了新的依据。由于对时事新闻边界的划定比较模糊，所以常常出现把新闻作品当作时事新闻而进行洗稿的行为。这一修改将对搬运、洗稿等侵权行为严格约束，保护新闻作品原创作者的劳动成果。法律法规坚决反对免费搬运和洗稿等侵权行为，成为新闻媒体和原创作者维护自身权益的坚强后盾，也使新闻媒体之间的竞争从流量之争转回到“以内容为王”。

同时，为解决版权侵权惩治力度不够的问题，2020年《著作权法》大幅提高了侵权损害赔偿额，明确了惩罚性赔偿原则。对这些条例的修改能够让那些被侵权的原创作者更好地维护自己的智力成果和劳动成果。

（二）区块链助力版权保护

随着自媒体行业的繁荣发展，原创版权保护体系正在逐步健全。同时，随着新兴技术的迅猛发展，权利人也越来越注重通过新技术手段来实现自我权益的维护。除法律法规之外，也可以使用区块链、人工智能等创新技术手段助力新闻版权的保护。新兴技术造成的取证困难通过区块链技术的成熟得到了破解。基于区块链的版权保护平台借助区块链技术的加密和链式结构，使上链后的数据具有可追溯性、完整性和不可篡改性，实现了新闻作品链上信息追溯和全网数据监测，为侵权转载行为的快速识别和取证上链提供了前提，助力版权保护新生态的建设，保障作者权益。

然而现实的情况是，在新闻作品版权保护的环节中，对于区块链的推广及应用没有得到普及，优秀作品还很少运用区块链等技术登记注册。

（三）组建新闻版权保护联盟

信息时代版权保护的手段需要依靠网络独特性的特质，组建媒体行业版权保护联盟，积极发挥行业版权保护联盟的作用，成立新闻版权保护联盟，集合行业的力量共同保护版权，合力打击版权侵权行为，共同维护新闻版权的市场秩序。2017 年，人民日报社等中央新闻单位和新媒体网站联合发起“中国新闻媒体版权保护联盟”，集合行业力量解决在我国新闻作品版权保护中出现的问题，促进我国新闻版权方面的良好发展。

积极应对新媒体带来的挑战，给权利人的维权创造环境。由于新媒体发展较快，新闻版权保护需要更加灵活变通的政策指导，因此应当不断适应变化多端的网络信息环境，来更好地应对新媒体领域出现的版权侵权问题并尽快予以回复，解答在版权侵权上出现的新议题。

（四）加强平台监管力度

加强平台内容监管，平台应积极履行其内容监管责任制，从源头上解决用户原创侵权内容的产生。在平台监管上加强指导，加大版权侵权行为的打击力度，出台新媒体及自媒体平台版权管理规范条例与方法，将屡次侵权的平台、网站、个人等加入侵犯版权的“黑名单”，并增加赔偿力度，对其侵权行为形成震慑。

很多平台针对版权侵权的问题进行了整治，百度百家号全面升级内容监管和处罚机制，采用了“机器 + 人工 + 外部投诉”等多渠道监管制度，并邀请业内权威意见领袖为监审委员会成员共同判断抄袭投诉中的洗稿情况。

微信公众号的原创功能中，如果作者把文章设置为原创内容，系统就会通过内容比对的方式实现精准识别其他转载和搬运的文章，并用前者强行替代后者，以保证文章独此一家。微信反洗稿合议制作为一种创新的平台规则，主要是通过第三方集体合议来解决洗稿的问题。这一机制对打击洗稿行为保护原创内容一定程度上起到了促进作用。但从整个行业的角度出发，怎样保护原创内容，打击洗稿行为依然任重而道远。

参考文献

[1] 段文钰 . 新媒体时代传统媒体新闻作品版权的保护 [J]. 视听，2019（8）：183–185.

[2] 张琳 . 新媒体时代新闻作品的版权保护——以“今日头条案”为例 [J]. 新闻战线，2018（20）：67–68.

[3] 朱丹妮 . 融媒体环境下对新闻版权的思考 [J]. 新闻论坛，2020，34（5）：84–86.

[4] 王亮 . 区块链在版权保护中的应用与实践 [J]. 中国报业，2020（18）：10–12.

[5] 张帅男，张晓雨 . 区块链的版权保护研究——以封面新闻为例 [J]. 新闻战线，2020（10）：84–86.

结合《著作权法》第三次修正谈数字出版的版权问题

王　科*

摘要：互联网的迅猛发展给我们带来了出版的新方式——数字出版。数字出版改变了出版行业的产业链模式，但是数字出版在近年来的高速发展中面临着许多问题，尤其是版权问题亟待解决。著作权法是知识产权法律体系中的最复杂、变动最频繁的一项法律制度，需要不断地顺应新时代技术的发展及整个国际大环境。2021 年是《中华人民共和国著作权法》实施的 30 周年，新法完善了作品的定义和类型，规定作品是指文学、艺术和科学领域内具有独创性并能以一定形式表现的智力成果。本文将结合数字出版行业的版权问题环境去探讨《著作权法》第三次修正的意义。

关键词：著作权法；数字出版；版权

一、数字出版的概念界定

（一）数字出版的定义及特点

数字出版是依赖于计算机网络技术将传统出版的流程转为数字化过程的一种新型的出版产业及模式。在整个出版的过程中，将所有的信息都以统一

* 王科，北京印刷学院出版学院 2019 级新闻与传播专业硕士。

的二进制代码的数字化形式存储在光盘、磁盘等介质中，以此实现人类文化的传承，在这个过程中无论是处理信息还是接受信息只需要一部电子终端与互联网就可以实现。但是，数字出版在我国的起步相对较晚，我们不断地向国外学习并自主创新，因此数字出版在我国的发展很快，当前已经形成了电子书、数字报纸、网络小说、数字音乐、网络游戏等新形态。

数字出版的特点主要是数字化的内容生产过程，通过计算机、手机等设备终端进行创作；生产出来的产品是数字化的形态，如电子书、音频、视频等；产品的传播方式也实现了数字化，通过互联网、电子设备进行传播，不但实时而且传播范围广；数字出版的整个管理过程实现了数字化，用户使用作品也实现了数字化,用户只需要一部终端就可以使用数字出版物。简言之，数字出版最主要的特点就是整个生产、发行及使用的每一个环节都实现了数字化。

（二）数字出版的优势

1. 生产成本低

数字出版依靠的是互联网技术，使用代码将文字内容存储在介质中，不需要经过传统出版的印刷工序，也不需要传统出版的复杂发行，只需作者将作品发布在网络上，就可以让每个人都能看到。因此，数字出版一定程度上节约纸张、油墨等成本，实现了低碳环保的理念。

2. 发行速度快、成本低

数字出版的发行是在网上，以数字信息的形式进行传输，不需要经过传统出版物发行的烦琐程序，模糊了出版商与发行商的界限，出版商可以自己销售、发行，因此能够降低成本。

3. 用户自主选择空间大

数字出版物对于用户来说非常便利。如今人们的生活节奏非常快，尤其是在北上广这样的城市，人们忙于工作，没有多余的时间进行阅读，数字出版物具有便携简便，用户可以利用通勤时间来阅读学习，不受时间、地点束缚。此外，过去我们阅读杂志需要等到发行时间去固定的售卖点购买，而数字出版使用户只需要一部终端就可以阅读浏览。

二、数字出版的版权问题分析

将互联网运用到阅读、视听、学习中，数字阅读已然成为一个大趋势。但在数字技术环境下，数字作品的版权保护也面临挑战，著作权人的权益屡屡受害，给数字出版行业带来严重的影响。

（一）盗版猖獗，打击难度大

数字出版利用计算机、网络通信技术丰富了传统出版的内容表达和传播方式，其社会环境、营利模式也发生了很大的变化。由于互联网的开放性，数字出版面临着屡见不鲜的盗版侵权问题，正如某些业内人士指出，盗版是网络文学的一个顽疾。

频繁的侵权行为严重损害了版权所有者和互联网平台的利益，同时也严重破坏了以数字出版为主导的市场秩序，给整个数字出版产业造成了巨大的影响。艾瑞咨询发布的数据显示，2018 年，中国网络文学因盗版造成的损失规模为 58.3 亿元，笔者认为造成盗版频现的原因不仅是因为网络文学的野蛮式增长，还有大众知识产权意识薄弱，不习惯知识付费模式；同时，行业引导、规范和监管各方面的力度不够，才会导致网络上盗版猖獗。

（二）数字出版的版权相关法律不够完善

网络侵权行为之所以如此频繁地发生，更大的原因在于目前我国保护数字出版作品的版权相关政策、法律法规还不完善，法律是最终的防护网，目前著作权法、专利法、商标法已经形成了知识产权保护的完整体系，但在互联网时代，仍会存在有待完善的地方。流量意味着利润，大部分的侵权行为是个人对于他人发布在网络上的图片、视频、音频、文章进行抄袭、模仿或者转载，只要未经著作权人授权且存在利润的获取，就会侵犯到著作权人的利益，涉嫌违法。因此，目前需要做的是集中整治网络转载、短视频、网络文学等行业的侵权盗版，重点规范直播业等平台版权的传播秩序。

（三）侵权容易维权难

与传统的纸质书籍、音像制品相比，网络上盗版电子书、视频、音频侵权很容易，而维权却十分困难。“一部热销的纸书，只要买到手，就可以扫描成 PDF 格式上传。要维权的话，需要找到上传电子书的服务器，而且可能我们前脚截图某网站上的盗版电子书页面，后脚它就下架了，追踪起来比较困难。”人民文学出版社数字出版部主任赵晨说。

互联网最大的特点就是开放性，只要有网络任何人都可以浏览到数字出版物，其具有速度快、覆盖面广的特点，任何人无须经过繁复的身份验证就可以进入互联网，这导致网络维权难以确定侵权主体的身份，从而增加了取证难度。

三、《著作权法》修正历程回顾

《中华人民共和国著作权法》(以下简称《著作权法》)走过了十年的修正历程，一路经历了不少困难。1990年9月7日，中华人民共和国第一部《著作权法》诞生；1992年，我国加入了《保护文学和艺术作品伯尔尼公约》和《世界版权公约》。此前，由于没有《著作权法》，也没有加入任何国际版权公约，因此，中外双方互不承担保护对方作品版权的法律义务。

《著作权法》颁布实施十年后，2001年10月27日，为了加入世界贸易组织，国内各知识产权专门法必须与《与贸易有关的知识产权协定》相衔接，同时也要回应新技术发展带来的诸多挑战，全国人大常委会对《著作权法》进行了第一次修正。第一次修正的《著作权法》修改幅度较大，对于调整我国加入世界贸易组织后版权的创作、运用、管理、保护发挥了重要作用，推动了我国版权事业的发展。2020年第三次修正的《著作权法》有很多修改调整及新增的亮点，此次修改使我国《著作权法》的内涵和要求更加具体化、规范化，也是继《专利法》修改后的另一知识产权大法的修改。这也符合了我国近年来一直主张知识产权保护的立法宗旨，也更便于我国与《与贸易有关的知识产权协定》有关成员国进行商业贸易活动，接轨国际知识产权大环境。

四、修正《著作权法》对数字出版版权保护的影响

无论是数字出版还是传统出版，任何出版物都是人类的智力劳动成果，都应该受到法律保护。互联网提倡免费、共享，不代表不尊重别人的劳动成果，因此要自觉抵制盗版、侵权等行为。数字出版的版权保护是需要多方发力的，此次《著作权法》的修正在一定程度上加大了数字出版的保护力度。

（一）明确数字出版版权相关概念

由于新媒体环境不断发展，《著作权法》也必须紧跟步伐作出相应调整，以更好地适应新技术环境，解决当前随着新技术产生的新问题。《中华人民共和国著作权法修正案（草案）》将“电影作品和以类似摄制电影的方法创作的作品”修改为“视听作品”；修改广播权有关表述，以适应网络同步转播等新技术发展的要求。

“电影作品、电视剧作品及其他视听作品”“电影和以类似摄制电影的方法创作的作品”在这次著作权法修改中，统一改称为“视听作品”。这种变化反映了产业迅速发展对著作权的影响，如近些年兴起并且已经发展成数千亿市场规模的网络游戏，网络游戏直播如何定性？网络游戏画面如何定性？再比如，音乐喷泉、灯光秀、烟花秀等如何归类定性？这些问题的出现，催生了针对视听作品的立法。

但是，关于视听作品的定义及构成要件没有相关规定。电影作品、电视剧作品与视听作品之间区别是什么？目前还没有答案。对该问题的解决还需要实践中具体案例裁判出可操作的要点，逐渐形成共识。同时，要防止视听作品作为单独客体类型后的泛化适用，判断时应当在符合作品要件的前提下，进一步判断是否符合视听作品的构成要件。

（二）加大赔偿惩处力度和明确赔偿额

互联网催生的新事物引出的问题究其原因大多与法律滞后有关。在这个通过互联网学习、阅读、获取知识的时代，在这个数字产品满天飞的时代，要达到真正的保护，就需要明文规定并设置相应的赔偿惩罚机制。

据了解，数字出版涉及部门众多，应加强各职能部门之间的协调，加大网络盗版打击力度。各地执法部门要积极配合快速查办网络侵权盗版案件，从严查处各类盗版网站。另外，需要分类规范标准，界定哪种方式是属于侵权；对于不同形态的数字出版物也要分类去制定标准，比如音乐、小说、视频的侵权方式不同，就要制定相应的规则，对于侵权多次及造成严重损害的行为必追责，加大惩治力度。

为解决著作权维权难，主管部门执法手段偏少、偏软，对侵权行为处罚偏轻的问题，《中华人民共和国著作权法》第五十四条作了以下规定："侵犯著作权或者与著作权有关的权利的，侵权人应当按照权利人因此受到的实际损失或者侵权人的违法所得给予赔偿；权利人的实际损失或者侵权人的违法所得难以计算的，可以参照该权利使用费给予赔偿。对故意侵犯著作权或者与著作权有关的权利，情节严重的，可以在按照上述方法确定数额的一倍以上五倍以下给予赔偿。"为著作权侵权案件赔偿提供了新的动力。

近年来，著作权诉讼案件日益增多，但是判决金额普遍偏低。以上海法院的判决为例，99% 的摄影作品判决赔偿金额在 10 万元以下，单幅摄影作品的赔偿金额甚至低至几百元；91% 的文字作品赔偿金额不超过 10 万元，当然长篇热门小说赔偿金额会相对高一点；93% 的电影和类电影作品赔偿金额也在 10 万元以内，热门 IP 影视除外，但是只占据很小比例。

由于在司法实践中，权利人证明自己的实际损失或者侵权人的违法所得都比较困难，多数情况下都是由法院在法定赔偿金额限度内酌情裁定。因此，法定赔偿金额的高低体现了国家对侵权行为的处罚力度。

五、结语

在互联网高速发展的时代，数字出版发展的脚步也迅猛前进，网络上的侵权案件层出不穷，要彻底改变这样的现状，还有很长的路要走，《著作权法》的修正仅仅是一个开始，我们需要不断地去探索更好的方式，不断地去完善相关法律法规，从政府、法律、技术、个人等多方发力改变现状。

参考文献

[1] 陈志文 . 数字出版资源版权保护探析 [J]. 出版与印刷，2017（1）：23–26.

[2] 王俊辉，王峰仙 . 对数字出版时代下版权保护的再思索 [J]. 文化产业，2019（4）：32–33.

[3] 孙岩 . 区块链技术下数字版权保护法律问题研究 [J]. 河北农机，2019（3）：67–68.

[4] 刘承韪 . 论著作权法的重要修改与积极影响 .[J]. 电子知识产权 .2021（1）：4–13.

浅析国内综艺节目模式的版权保护

熊晓如 *

摘要：随着互联网新媒体技术的迭代及市场经济的发展，我国的影视综艺行业已经日趋成熟，综艺节目成为人们主要的娱乐方式之一。为此，近年来各大省级卫视及网络平台纷纷从国外购买热门综艺节目版权，并在原节目模式基础上进行本土化改造来抢占国内收视市场。但不容忽视的是，由于相关法律的缺位，国内综艺节目模式也存在模仿和抄袭，不仅给节目原创者造成严重损失，甚至威胁我国文化产业的发展。因此，本文从我国综艺版权的侵权问题出发，阐述国内对于综艺节目模式版权保护的现状，分析国内综艺模式版权保护的困境，并探究综艺节目版权的保护策略，为日后国内综艺的发展提供一些可行性建议。

关键词：原创综艺；综艺节目模式；版权保护；"思想—表达"二分法

一、绪论

（一）研究背景

近年来传媒产业的不断发展，各大卫视及网络综艺节目逐渐在人们的生活中扮演着举足轻重的角色。各大主流卫视和网络平台之间的竞争越演越烈，从国外引进或购买综艺节目模式版权，然后根据国内市场需要，调整部分

* 熊晓如，北京印刷学院出版学院 2020 级新闻与传播专业硕士。

内容，使其具有中国特色，已经成为各大卫视和平台争夺收视率的重要手段。例如，浙江卫视的《奔跑吧　兄弟》，湖南卫视的《令人心动的offer》《我是歌手》及江苏卫视的《蒙面歌王》等在经过本土化创作后均获得了超高的人气。但我国综艺节目领域的侵权问题也不少。例如，2017年由爱奇艺平台自制的嘻哈音乐选秀节目被曝抄袭韩国节目《Show Me The Money》；2018年4月的戛纳电视节上，在爱奇艺平台播放的《偶像练习生》被国际节目模式保护协会（FRAPA）发布数据判定抄袭了韩国综艺《Produce 101》。为此，在综艺节目市场竞争日益激烈的情况下，如何有效保护综艺节目版权、规制综艺节目抄袭，成为学界专家学者热议的话题。

（二）研究意义

研究国内综艺节目模式的版权保护问题，对于我国综艺娱乐行业日后的发展乃至国家的文化产业建设都有着重大的意义。

首先，我国目前的法律体系缺乏综艺节目模式属于版权保护内容的具体规定，将综艺节目模式纳入相关法律进行保护，有利于填补我国在综艺领域关于版权保护的法律缺位，从而有效解决综艺节目模式侵权纠纷问题。

其次，我国学界对于综艺节目的法律属性争论一直存在，即关于综艺节目模式到底属于思想层面还是思想的表达层面的讨论从未停止，至今尚未形成定论。所以，明确综艺节目模式的法律属性，不仅可以解决节目版权纠纷问题，也可以使学界就节目模式问题达成一致从而维护司法统一。

最后，将综艺节目模式纳入版权保护的内容，对于我国的综艺产业发展大有裨益。这样既维护了原创综艺作者的合法权益，使综艺节目原作者的劳动成果得到了保护；还鼓励和激发了综艺节目模式的自主创新，在一定程度上遏制了综艺节目同质化现象，从而进一步促进了我国文化产业的健康发展。

（三）研究方法

1. 文献研究法

对有关综艺节目模式的不同文献信息进行查阅，收集学界对于综艺节目模式是否属于版权保护范畴的观点建议，分析和阐述有关综艺节目模式的研究现状。

2. 比较研究法

比较国内外综艺节目模式保护在司法实践上的不同，分析国外有关综艺版权侵权的认定方法，对国内综艺节目模式版权保护缺位问题进行反思，进而提出完善我国综艺节目模式版权保护的相关建议。

（四）文献综述

通过梳理国内对于综艺节目模式的版权研究相关文献，笔者认为从现有的研究成果来看，学界针对综艺节目模式版权是否受法律保护的问题主要存在以下两种观点。

1. 综艺节目模式不属于《著作权法》中的“作品”，不受版权保护

于彧在《综艺节目模式不应作为著作权法之客体》一文中强调综艺节目模式不同于节目录影，不属于影视作品，综艺节目模式交易的对象并非节目的剧本而是节目的制作框架，也并非《中华人民共和国著作权法》（以下简称《著作权法》）中所规定的表述，因此不能够通过《著作权法》进行保护。罗莉在《电视节目模版的法律保护》一文中指出，在各国现行的法律框架下，虽然电视节目模式的某些元素分别受到不同法律的保护，但电视节目模式作为一个整体往往不符合版权法的保护标准，因此可以考虑从反不当竞争法着手。王

迁教授在其所著的《著作权法》一书中认为，综艺节目模式实际上指的是节目的具体制作方法，所以节目模式属于思想层面从而无法受到《著作权法》的保护。

2. 综艺节目模式属于可版权对象，应受《著作权法》的保护

丁玉良在论文《我国综艺节目模式可版权性研究》中认为，综艺节目模式是一系列综艺节目因素构成的原始的、可重复、叙事性、开放性的框架模式，综艺节目模式属于独创性智力成果，符合《著作权法》所保护客体的特征要求，具有可版权性。刘文杰和曹满文在《电视节目模版的版权保护》一文中定义电视节目模式是指一款系列性电视节目的框架部分，这一框架由多个要素有机结合而成，通过这一框架，观众能够认知节目的主题并将该节目区别于其他节目。从法理上看，电视节目模式中有关节目呈现的部分属于表达，因此有独创性的节目模式应当受到版权保护。丁强在论文《综艺节目模式可版权性研究》中提到综艺节目在制作完成阶段，会形成成熟、完整的综艺节目模式，具有一定的表现形式。如果此阶段的综艺节目模式具有独创性的话，可以受到版权保护。

综上，持第一种观点的学者认为，我国版权维护法律体系尚不完善且对于综艺节目模式的版权问题没有形成一个明确的定义，因此通过《著作权法》来保护综艺节目模式仍处于一种不可行的状态；持第二种观点的学者则强调综艺节目模式与《著作权法》中作品的界定标准相符合，因此在对其进行版权保护时，可以就《著作权法》中的相关规定进行参考。

我国的综艺娱乐行业与西方发达国家相比，一直以来都处于一种相对落后的状态。近几年随着国家市场经济的迅猛发展，综艺行业才逐渐走向繁荣，但综艺“百花竞放”的同时也夹杂着“乱象丛生”。在综艺节目同质化越来越

严重时，国内学界才意识到综艺版权问题的重要性，而西方国家早在20世纪70年代就已经开始了针对综艺节目模式的纠纷与争论。为此，本文将对国内外对于综艺节目模式的研究结论进行整理归纳如下。

3. 国外对综艺节目模式版权的研究

（1）英国

英国现有的法律虽然没有规定综艺节目模式的法律属性，但从英国相关案件的法院判决中可以得出若综艺节目模式成为可供感知识别的独创性结构，是可以从立法角度对综艺节目模式进行版权保护的。例如，英国典型的"格林诉新西兰广播公司案"，法院判决对节目模式的版权保护提供了两条路径：一是将节目模式看作作品；二是在综艺节目中存在一个充分可识别的框架或结构。

（2）荷兰

在世界版权史中，荷兰是为数不多明确规定综艺节目模式受版权保护的国家之一，通过荷兰法院的判例也可以看出，该国认为综艺节目模式具有一定的独创性且满足一定的表达形式，若节目模式中具有高辨识度和具有重要价值的部分被抄袭，则可以认定综艺节目模式侵权事实的发生，对原作给予版权保护。

（3）美国

美国的版权法中对何为作品的具体定义持开放态度，为此法院判决综艺节目模式侵权案件时更多关注于节目本身是否构成实质性相似，而不仅局限于节目模式是属于表达还是作品的问题。在历经多次司法实践后，美国更倾向于认为综艺节目中具有独创性的情节编排应受版权保护。

4. 国内综艺节目模式版权保护现状

我国相较于西方国家对综艺节目模式的版权保护水平和认知较晚，为此国内学界重视综艺节目版权问题是当综艺模仿、抄袭逐渐严重时才开始的。继浙江卫视引进韩国《running man》版权并进行本土化改造推出的大型户外竞技真人秀节目《奔跑吧　兄弟》大火之后，国内一度掀起了模仿、购买国外热门综艺版权的浪潮，但其中难免混杂未经授权擅自抄袭的现象。

二、国内实施综艺节目模式版权保护存在的困境

（一）综艺节目模式的法律属性存在争议

我国综艺节目模式存在版权侵权现象与国内《著作权法》中的“思想—表达”二分法有着密切关联。我国《著作权法》公认的一个原理是保护表达而不保护思想，但是在多数情况下，思想和表达的分界线往往不是十分清晰，所以对于综艺节目模式具体的法律属性学界一直以来都存在着争议，这也就导致法院判决时对于某综艺节目模式究竟是属于“思想”还是“表达”存疑，进而使综艺节目版权维权十分困难。

（二）综艺节目模式的侵权行为难以认定

我国《著作权法》对于综艺节目模式借鉴所持有的态度是抵制低层次、毫无创新性的直接抄袭。但至于何为“低层次、极端、创新性缺乏”的“模仿”，我国现有的法律中并未对其进行明确规定，这导致了综艺节目模式的侵权难以认定。目前，相关法律在判定综艺模式是否构成侵权时采用的是“谁主张，谁举证”这一原则。但在这一原则下，具体的侵权方并不会简单地完全抄袭

整个综艺节目模式，而是有选择地从整个综艺节目模式中只选择某一个环节或创意来进行模仿，甚至改变赛制、流程打造一档全新的综艺节目。由此一来，节目中具体哪些内容属于抄袭就很难判断，从而使被侵权者的维权之路更加艰难。

（三）综艺节目模式侵权没有明确赔偿标准

国内《著作权法》规定，当发生著作权侵权时，侵权人应根据情况来承担相应责任，如停止侵害、消除影响、赔偿损失等，但《著作权法》中并未明确规定具体的因侵权所造成的赔偿数额计算方式。据统计，北京市法院综艺节目著作权案件判决损害赔偿额从 900 元至 120 000 元不等。其中由主流卫视方制作的“春晚”类综艺节目的侵权赔偿数额较高，最高判赔额为 120 000 元，最低判赔额也达到 40 000 元；但涉及地方电视台制作的综艺节目因为通常是数期累计，所以不同法院判决的赔偿数额标准也是每期 900 元至 8000 元不等。这样一来，因为无法明确侵权赔偿数额，被侵权方也无法获得相应的赔偿。

三、关于综艺节目模式版权的保护策略

（一）扩大《著作权法》的保护客体范围

面对近年来频发的综艺节目模式侵权现象，若我们国家在节目模式版权保护中仍只秉持“思想–表达”二分法，那么想要对综艺节目或其他著作权客体进行合法权益的法律维护就会收效甚微。所以，我们需要探究如何在法律层面对综艺版权进行保护。为此，我国可参考欧洲国家在司法上对于综艺

节目模式的维护形式，如利用版权法对节目模式进行保护，但需具有相应的条件，如原创性、复制元素及呈现方式的特殊性等。

（二）完善综艺节目模式的侵权赔偿判定标准

虽然我国《著作权法》中没有关于著作权侵权的赔偿数额的明确规定，但通过实际司法判定可以看出法院已默认侵权实则是接触行为与实质性相似行为的总和。然而，针对综艺节目侵权行为的认定，主要难点就在于判断作品的实质性相似。对于认定是否存在实质性相似时，我们可以借鉴被美国司法机构广泛认可的阿尔泰测试方法。该方法主要通过以下三个步骤判定综艺节目是否构成侵权：首先，提取综艺模式的思想和观点，删除作品中属于思想部分的内容，保留作品中的表达观点；其次，过滤掉综艺节目中的常识和属于公共领域的一般材料；最后，对保留的信息进行对比分析，经过信息比较可以直接得出两作品之间的相似性。通过以上步骤，我们可以初步判断综艺节目模式的侵权部分，然后结合接触性原则作出最后定论。

（三）提高电视节目模式保护意识

国内民众作为综艺节目的观众，应当尊重原创的著作权，提升自身版权保护意识，同时也可作为监管者以社会监督的方式抵制抄袭行为。在当下各大主流卫视及网络平台竞相发展的大环境下，只有彼此自律才能建立起良好的市场竞争秩序，促进综艺节目的健康发展。

四、结语

随着社会泛娱乐化程度的加深及综艺节目的商业价值和文化价值逐渐凸显，综艺娱乐行业在社会生活中将会吸引越来越多的目光，这也就意味着对节目模式法律保护的要求只会越来越迫切。综上，对于综艺节目模式的版权保护是顺应潮流之举，只有将节目模式明确写入法律法规中，日后面对版权侵权现象才能做到有法可依，从而保护原作者的合法权利，促进我国综艺娱乐行业的长远发展。

参考文献

[1] 于彧 . 综艺节目模式不应作为著作权法之客体 [J]. 今传媒，2019，27（6）：29–31.

[2] 罗莉 . 电视节目模板的法律保护 [J]. 法律科学（西北政法学院学报），2006（4）：132–137.

[3] 王迁 .《著作权法》修改：关键条款的解读与分析（下）[J]. 知识产权，2021（2）：18–32.

[4] 丁玉良 . 我国综艺节目模式可版权性研究 [D]. 郑州：河南财经政法大学，2020.

[5] 刘文杰，曹曼文 . 电视节目模板的版权保护 [J]. 现代传播（中国传媒大学学报），2011（3）：111–115.

[6] 丁强 . 综艺节目模式可版权性研究 [D]. 蚌埠：安徽财经大学，2021.

[7] 刘宁 . 电视综艺节目侵权认定问题探究 [J]. 当代电视，2017（6）：90–91.

[8] 陈力嘉 . 新修改著作权法下综艺节目模式的著作权保护探析 [J]. 传播与版权，2021（8）：109–112.

[9] 宋洁 . 综艺节目模式著作权保护研究 [D]. 北京：北方工业大学，2020.

[10] 王颖清 . 国产综艺节目侵权现象及原创综艺发展举措探讨 [J]. 科技传播，2018，10（24）：39–40.

[11] 张丽丽 . 综艺节目模式的版权保护 [D]. 重庆：西南政法大学，2014.

[12] 何静 . 论综艺节目模式的知识产权保护——以《中国有嘻哈》与 *Show Me The Money* 为例 [J]. 河北企业，2020（7）：147–148.

[13] 张思仪 . 浅谈国内版权引进综艺现存问题 [J]. 新闻传播，2021（4）：102–103.

[14] 安琪 . 浅析综艺节目的版权保护 [J]. 法制与经济，2019（6）：43–46.

[15] 刘家锟 . 综艺节目的著作权保护 [D]. 哈尔滨：黑龙江大学，2021.

[16] 王鸣，潘思延 . 综艺节目的版权侵权判定 [J]. 法制与社会，2021（21）：44–45.

大数据在网络文学版权保护中的应用

——以起点中文网为例

范明坤 *

摘要：网络文学从门户网站时代发展至今，经20余年，从20世纪90年代的文学论坛到移动书城，再到今天的多终端平台，使民众的阅读习惯有了很大变化。网络文学的发展是迅速的，但网络文学的版权保护问题依旧严峻。网络文学的传播主要依托于互联网渠道，且付费阅读是网络文学作者及平台的重要收入来源。然而，互联网的开放性、共享性、匿名性、可复制性，打破了网络文学赖以生存的环境。大数据技术的应用有望解决网络文学的版权保护问题，从多如繁星的网络文学中筛选出高价值IP，进一步保护并开发。

关键词：网络文学；大数据；IP；版权保护；盗版

一、引言

本文将探讨网络文学版权保护过程中面临的问题，并以飞卢小说网、起点中文网等网络文学平台为例探寻网络文学版权保护的手段和机制，试图将大数据引入网络文学版权保护中，解决网络文学版权保护的难点，运用大数据技术进一步开发网络文学的深层价值。

---

* 范明坤，北京印刷学院出版学院2020级新闻传播学硕士。

二、网络文学版权保护的现状

（一）什么是网络文学

网络文学，是以互联网为传播媒介，以计算机、手机等终端借助超文本链接和应用程序等手段来获取的文学作品、类文学文本及含有一部分文学成分的网络艺术品，按体裁可分为散文、诗歌、小说和公众参与的接龙故事等。网络文学以原创为主。互联网为作者和读者提供了一个可以实时交互的平台，作者在进行文学创作的同时可以针对性地对读者的评论和感受进行剧情和人物的修改；读者在阅读以后，将最直观的感受传达给作者，并以这种方式影响文学作品的剧情。可以说，网络文学特别是网络小说是作者和读者共同创作的。

（二）网络文学的传播现状

起点中文网是网络文学绕不开的关键词，起点中文网在经历盛大和腾讯的两次整合后发展到了顶峰。新人作者和老牌作者更倾向于与起点中文网签约，起点中文网也因此掌握了大量的热门 IP，如《斗破苍穹》《全职高手》《圣墟》等。越是大火的网文，盗版也越是猖獗。但是，起点中文网对于打击盗版并不是很热衷。大体上所有在起点中文网连载的小说都可以找到盗版。

2019 年掌阅科技财报显示，2019 年掌阅科技版权产品收入 2.61 亿元，同比增长 91.7%。2019 年阅文集团版权运营及其他的收入同比增长 283.1%，达 46.4 亿元，其中版权运营业务收入达 44.2 亿元，同比激增 341.0%。阅文集团版权业务增长速度亮眼，得益于其以“优质内容”为中心的多元变现战略推行。2019 年其共授权约 160 部网络文学作品改编，涉及影视剧、网络剧及游戏等多种形式。在版权自主运营方面，阅文集团在影视、动画、游戏等领域都推出了大受欢迎的 IP 改编代表作，如玄幻动画作品《斗破苍穹》、电竞动画电影《全职高手之巅峰荣耀》、联合出品影视剧《黄金瞳》等。此外，阅文集团整合新丽传媒，在 IP 全价值链开发上增强版权源头梳理能力，并逐步构建起完整的书影联动营销场景，进一步扩大 IP 粉丝规模并延长作品生命周期。

三、网络文学版权保护面临的问题

网络文学版权保护是一个任重而道远的过程。在网络文学蓬勃发展的同时，也遇到了很多问题。这些问题有作者自身的，阅读平台的和法律法规层面的，甚至来源于其他作者的。这些问题中，尤为突出的是盗版和创意的盗用和阅读平台对于作品的数据收集，同时法律法规层面的不健全、不完善也加大了网络文学版权保护的难度。

（一）盗版

盗版是影响网络文学发展的最大因素。网络文学的盗版是多种多样的，按照传播的载体不同，大致可以分为盗版网站、盗版 txt 文档、盗版有声读物。盗版网络文学网站对正版内容使用爬虫软件进行爬取，或者利用平台网站漏洞对服务器内容进行批量下载，通过租赁服务器搭建临时网站，在阅读页面插入木马，引导用户进行二次点击实现引流，从而实现盈利。利用爬虫软件或者图片转文字软件获取的正版内容，文字质量不高，错别字很多，语句不通顺。虽然影响了用户的阅读体验，但是也增加了读者对正版的憧憬。大部头网络文学多达千章，字数高达千万字，部分经济能力较弱的读者会通过云盘购买 txt 文件进行阅读。盗版严重损害了平台和作者的经济利益，严重影响了整个行业的风气，不利于网络文学行业的发展。

据艾瑞咨询的调查，2020 年与 2019 年相比较，PC 端在线盗版内容阅读渠道并未出现明显变化，反映了网络文学 PC 端盗版市场模式相对固化的特点，即以浏览器网文入口和基于专业化盗版链条的盗版网文站点为主（见图 1）。

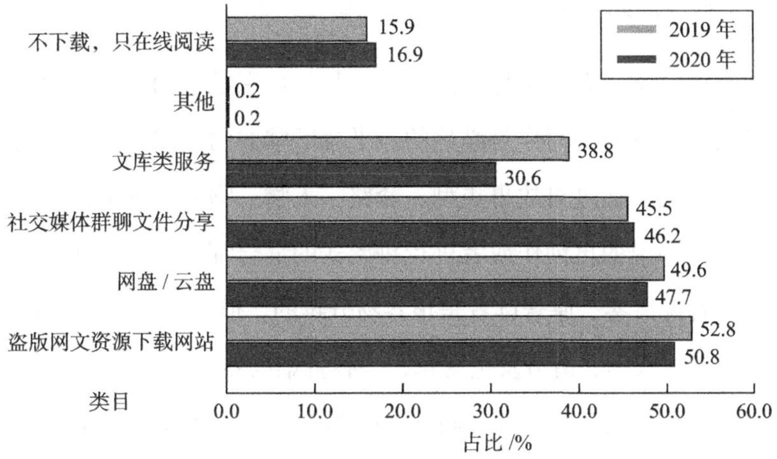

图 1　2019 年和 2020 年中国网络文学 PC 端盗版用户下载盗版销售渠道占比

（二）创意盗用

在网络文学版权保护方面，人们往往重视的是盗版，忽略了一种更为隐蔽的创意的盗用——就是当一部小说的设定或者世界观受到读者追捧时引发的其他作者的跟随性的模仿创作。

梦入神机创作的《佛本是道》开创了洪荒流这一流派。其本人更是被誉为小说洪荒流鼻祖。梦入神机将中国传统神话故事和《封神演义》《西游记》《搜神记》等中国古典志怪小说融合，创造了历史脉络清晰、叙事宏大的洪荒宇宙。梦入神机在《佛本是道》中提出“十二祖巫”这一概念，其他作者在作品中也使用了这一概念，那么是否意味着一种侵权。除人物设定的盗用之外，还有剧情上的盗用。小说《寻找前世之旅》，这本号称“网文之王”的小说抄袭了 200 多本其他作者的作品，虽然作者 vivibear 被封号，出版公司也取消合作，但造成的恶劣影响是无可挽回的。

（三）平台对优秀作品写作模式的复制

网站掌握海量作者的海量作品，一旦某类新兴题材的小说爆火，那么被其他作者甚至平台模仿写作是必然的。平台所掌握的内容是可以通过大数据模型进行分析的，通过对故事类型、套路、人物、物品的分类，甚至是断更小说或者烂尾小说的再创作或者进行拼凑式的缝合都具有可能性。这种程度上的抄袭或者说借鉴，原著读者是很容易分辨的，但是新读者就无从辨别了。当时间、地点、人物、情节发生变化，抄袭就难以界定。

作者上传作品之后平台通过将作品转为 PDF 格式来防止盗版，但是之前 txt 格式、word 格式的文档依旧留存于服务器之中。这是一种备份保护机制，也是盗版网站获取资源的一种途径。平台自身泄露的内容，可以分为主动的和被动的，部分网站也是盗版网站的实际掌控者，盗版网站为正版网站增加了流量。被动泄露是指盗版网站通过黑客程序或者是爬虫软件来获取的。

四、网络文学版权保护的手段

（一）技术手段

在技术层面，版权保护的手段是比较成熟的。经过与盗版网站多年的斗争，飞卢小说网、起点中文网等网站也积累了大量的反盗版经验，如通过搜索引擎搜索出相近内容，通过人工或者利用机械来进行内容识别，判断是否为盗版内容。飞卢小说网通过技术外包将反盗版交给专业的技术公司，基本断绝了爬虫软件爬取内容的可能性。在移动端平台通过 App 设置，禁止手机截图软件和第三方录屏截图软件的使用。

（二）法律手段

法律手段是平台和作者维护自身相关利益的最好的也是最终的手段。无论是飞卢小说网还是起点中文网，都有一个强大的法务部。版权方通过法律手段来保护自己的权益。盗版网站在面对法律时总是怯懦的，只要平台发出自己的声音，那么盗版网站就不敢盗版。法律手段也需要读者的支持，飞卢小说网在每一章的末尾写道，如果发现盗版请联系我们。

（三）作者对受众潜移默化的正面引导

作者是盗版内容的直接受害者。盗版内容不但侵害了作者的经济利益，也是对作者文学创作的不尊重。只有极少数头部作者才能够凭借自己的作品实现盈利。作者在面对盗版时会发出统一的声音，形成合力来推动平台或者法律法规层面的完善。作者在与读者交流时也会呼吁读者阅读正版、抵制盗版。这种呼吁促成了部分盗版读者向付费读者的转变。

（四）非常规手段

非常规手段指的是平台维权和法律手段之外的其他手段。由于各网站反盗版机制的逐渐健全和法务部的重拳出击，盗版内容开始利用 QQ 群、云空间及贴吧等场所进行分享或者买卖。以飞卢小说为例，仅通过搜索“飞卢小说”4个字，就能搜到大量的QQ群，应群主要求，每人必须每天签到或者发一部小说的txt格式文档，才能够一直留在群里。平台和作者可以通过潜伏的手段进入QQ群或者微信群收集盗版的证据，向著作权管理部门投诉、提起民事诉讼。

五、大数据在网络文学版权保护中应用

在使用K2比对、网页关键词检索举报等传统技术手段的同时，网络文学也在不断探索新的技术手段并将其运用在网络文学文件保护领域。随着大数据技术的不断成熟并且被越来越多的行业开始使用，网络文学版权保护领域也开始尝试使用大数据来作为网络文学版权保护的技术支持。平台掌握的大量的作者写作数据及读者阅读数据为大数据的使用奠定了数据库基础。这是网络文学版权保护中使用大数据的一大便利条件，使版权保护领域使用大数据有了一定的可行性。

（一）大数据在网络文学版权保护应用方面的可行性

在维克托·迈尔 – 舍恩伯格和肯尼斯·库克耶编写的《大数据时代》中，大数据的数据分析不用随机分析法这样的捷径，而采用对所有数据进行分析处理的方式。

平台和网站自身的数据库是实现大数据的基础。按照数据类型，大致可以划分为用户信息数据、阅读数据、付费数据、评论数据、阅读习惯数据。根据用户须知,平台有权利调用用户所有的数据。在大数据得到广泛应用之前，这些数据是以一种冗余的形式储存在服务器当中，大量存储的数据增加了平台的运营成本。但当大数据被提出之后，这些数量巨大、具有丰富多样性的

数据，成了进行大数据分析的坚实技术。通过对数据库指令集的修改，可以增加各类数据调集的效率，综合分析付费率、阅读量、评论量等数据可以筛选出热度和付费率较高的高商业价值小说，平台和网站版权保护的重点目标就是热度和付费率较高的高商业价值小说。

（二）大数据应用在网络文学版权保护中可能存在的问题

1. 大数据的成本高、分析难度大

大数据的成本主要体现在数据的收集、存储和分析上。数据的收集需要占用大量的带宽，数据的存储又需要占用大量的存储空间。使用这些数据必须先对数据进行分类。由于大数据的数量巨大且杂乱无序，想要从中提取出有价值的信息，就需要为其设定一套专门的算法。例如，要探寻男性读者对科幻类小说的阅读倾向，首先从读者数据中筛选出男性读者，再从男性读者中筛选出阅读过科幻类小说的人。如果最初没有分类建库的话，那么这一过程将是无限延长的。在数据分类过程中，人的作用是不可替代的，人工成本也是巨大的，对于机器而言无法辨别玄幻和仙侠的区别，那么人工的使用就是必然。对于小体量网站，大数据并不适合。

2. 大数据的收集与分析可能侵犯用户隐私

信息时代信息就是资源，且具有价值。在众多数据中，用户信息、阅读习惯、支付记录、搜索记录、位置信息、书评等都可以被储存和分析。按照网站注册时的用户须知，这些相关数据都为平台所有，但却无法保证平台不对所掌握的位置信息和用户信息进行二次售卖。部分网站和阅读 App 与购物平台进行广告合作，推送商品信息，这种推送行为，实际上就是对用户隐私的侵犯。起点中文网掌握的用户信息是海量的，且被阅文收购，可以使用 QQ 和微

信登录，通过对用户社交信息的交叉比对，能非常全面地勾勒出用户的人物图像。

（三）大数据在网络文学发展中的潜在价值

1. 大数据有利于搜索高潜力 IP

一个好的 IP 的经济价值是巨大的。在萧鼎创作《诛仙》的初期，某网站以 2.8 万元买断了《诛仙》的版权。2.8 万元的买断费用与之后诛仙游戏化和影视化所带来的上千万元的收益相比是微不足道的。如何在小说创作的初期发掘出那些高潜力的 IP 是保证网站利益最大化的首要条件。

好的作品在一定程度上有其共通性，通过对订阅数据、付费数据的对比，可以发现一些潜在的 IP。平台可以针对性地扶持作者的创作，给作者更加优惠的条件，增加推荐权重。如果利用大数据和算法对小说进行审核和潜力分析，利用机器人进行自动推送，将有利于探索出高潜力的 IP，并且在成本上和时间上都大大降低。

2. 大数据可以进行针对受众喜好的制定创作

以起点中文网作者圣骑士的传说所创作的《修真聊天群》为例，《修真聊天群》大火之后，平台鼓励群聊类微信群为主题元素的作品创作，催生了一部分以 QQ 群，微信群为元素的小说。大数据通过对近期点击量和打赏的汇总，可以对读者的创作进行针对性的引导，推动作者对相关热门类型小说的创作。

当影视剧作品或者是小说作品大火之后，就会引发相关 IP 的大量同人作品的出现。飞卢小说网就是以同人类小说为盈利点，通过用户搜索记录，确定搜索量靠前的 IP，通过激励计划、培养计划等来招募小说作者进行相关创作。这类同人类小说，在内容上贴近原作，吸引了大量原作品的受众，并且在剧情上消弭了原作品的遗憾和剧情上漏洞，读者在进行同人类作品的阅读时会获得更佳的阅读体验。

3. 大数据为机器人写作提供了数据支持

平台掌握了大量的内容数据、排行数据和打赏数据。通过对这些数据的汇总可以分析出大神级作者的用词习惯，算法所生成的作品具有批量化和普适化的特点，能够符合大多数读者的口味。如果算法进一步完善，生产出与大神作者作品相媲美的产品，那么平台可以完全享有这部产品的版权。对于平台来说，其产生的潜在的经济效益是巨大的。2007 年起点上传了《宇宙巨校闪级生》，全书用 VB 语言自动编写完成，是世界上有史以来最长的小说，全书 1.7 亿字，共 340M；除了语法修饰错误、对话语言不够生动、人物心理描写不够深刻以外，还是一本勉强看得下去的小说。

（四）如何进行网络文学版权保护

网络文学版权保护需要阅读平台、作者、读者及法律部门多方的共同努力。虽然网络文学版权保护的道路是艰难的，但是总体情况是向好发展的。平台作者和读者的版权意识在近些年都有了较大幅度的提升。

1. 平台自身维权意识的觉醒和行动

从技术角度讲，大平台具有打击盗版的能力，却不热衷于打击盗版。通过 App 对比或者对盗版链接进行封禁，可以很大程度削弱盗版的数量，降低损失。飞卢小说网在体量上与起点中文网相比，微不足道，但是针对它的盗版几乎绝迹。而盗版率最高的恰恰是头部网站。对于掌握大量流量的起点中文网来说，无论是正版还是盗版，产生的点击量和流量，都是对于起点中文网的宣传。从经营者的角度讲，一定程度上的盗版是可以容忍的。所以在打击盗版这件事上，头部网站就会呈现一种消极的状态。

2. 作者维权意识的觉醒和自律

大部分职业作者的收入来源全靠全勤奖励和读者打赏，而盗版严重影响了作者的收入。这种影响也促使作者维权意识的觉醒。笔者在飞卢小说 QQ 群长时间卧底后发现，作者同时也是读者，作者在自己写作之余都会阅读其他作者的小说。在作者群体之中，付费阅读并没有绝对优势，大部分的作者还是更倾向于阅读盗版。虽然作者对于盗版是抵制的，但是这种抵制主要针对自己作品的盗版，而非对于整个行业的盗版。与作者交流后发现造成这种行为的原因主要是阅读习惯和经济压力。

从整体的付费环境来看，国内的读者没有养成付费阅读的习惯。由于作者群体之间的互相交流，时常会将自己新完成的章节交给其他作者来审阅，并提出修改意见，这也是导致盗版资源流出的一种途径。作者应加强自身道德素质的提升，自身给读者以正能量的影响，共同抵制盗版，呼吁阅读正版。

3. 国家层面的法律法规健全与完善

在法律层面上，对于网络文学的抄袭借鉴甚至写作创意的规定都是模糊的，这就给盗版者或者盗版机构留下了广泛的空间。在法律层面，并未对同人类网络文学作出界定。同人类网络文学版权问题至今存在模糊。对于同人作品是否构成侵权，仍存在较大的争议。在飞卢小说网连载的小说中，同人类小说的比重占到一半以上。同人作者改动原著剧情的同时又添加了新的解读，那么这种改编是否构成侵权？当网友通过网络将作品分享给其他读者，但是并不是以盈利为目的，却又造成了巨大的经济损失，在法律层面如何作出处罚？这些都是需要法律来作出界定的，推动法律层面的改变是迫切的，也是完善网络文学版权保护机制的重要举措。

4. 受众的自律

读者是网络文学的直接受益者，网络文学给读者带去快乐的同时也促进了自身的发展。在维护网络文学版权及抵制盗版的过程中，读者的作用是不可忽视的。

中国社会科学院和阅文集团联合发布的《2019 年度网络文学发展报告》显示：2019 年我国网文用户已达 4.55 亿，“90 后”用户已超 70%，分别是：“90 后”15.56%、“95 后”18.49% 和“00 后”36.03%。网络文学付费用户中，“90 后”19.73%，“95 后”23.87% 和“00 后”22.54%。三者之和，超过总量的 66%。“网生代”已成网络文学接受主体和消费主力。付费用户是版权的坚定捍卫者，读者之间是相互影响的，某浏览器的神马小说，是盗版用户书评的集中地。大量正版付费用户通过在这里的呼吁和论战，争取了更多读者付费阅读正版，成功扩大了付费用户的群体。阅读盗版是一种不尊重他人劳动成果的体现，更是自身道德素质缺失的表现，用户的自律一定程度上会增强整个行业的活力，并提高整个读者群体的素质。

六、结论

大数据及相关技术在版权保护领域具有广泛的应用前景，但是由于其技术和成本的限制不适用于小型网站和平台，并且在数据的应用上可能存在用户信息泄露的隐患。但是大数据在个性推送和机器人写作方面的前景是非常广阔的、平台和产业应该对这一方向加大关注和投入。版权保护需要形成法律、平台、作者、读者、行业多方面的合力，才有可能将盗版的危害降到最低。解决盗版问题之后，网络文学将得到进一步的发展，实现社会价值和经济价值的统一。

参考文献

[1] 金圭子 . 1.7 亿字小说《宇宙巨校闪级生》是怎么用 VB 写出来的？ [EB/OL].（2016–12–26）[2022–01–14]. https：//www.zhihu.com/question/21124306.

[2] 中国社会科学院，阅文集团 . 2019 年度网络文学发展报告 [R]. 北京：中国社会科学院，2020.

[3] 姚君喜，白如金 . 网络文学价值导向与主流意识形态 [J]. 出版广角，2018（21）：15–18.

[4] 刘燏 . 浅谈网络文学的规范与发展 [J]. 青年文学家，2014（17）：21–22.

[5] 刘瑛 . 知识产权法学 [M]. 北京 ：中国广播电视出版社，2005 ：42–45.

TikTok图书推荐
标签 BookTok 创新营销探析

王　越*

摘要：抖音海外版（TikTok）中的话题标签与阅读社区BookTok在图书推荐与提升销量上展现了巨大的影响力。BookTok标签下的短视频形态多元、情感冲击力强，具有草根性、适合亚文化的扩散、以青少年图书主的特征。根据当前出版商、书商、作者等不同主体的营销表现，本文提出BookTok创新营销的启示在于"短视频+社区"、以"Z世代"为营销主体、丰富与BookTok创作者的合作渠道。

关键词：TikTok；BookTok；短视频营销；图书营销

一、引言

社交媒体与短视频的兴起改变了大众的媒介使用习惯，照片墙（Instagram）、推特（Twitter）、抖音海外版（TikTok）等国际社交平台的流行聚焦了大众的注意力。近年来TikTok在全球的欢迎程度呈指数级增长，2021年7月，根据数据监测机构Sensor Tower的统计，TikTok下载量已超过30亿次，并在2021年成为全球访问量最大的互联网域名，超过领头羊谷歌。随

* 王越，北京印刷学院出版学院2021级新闻与传播专业硕士。

着新媒体、新模式的不断涌现，传统营销方式难以适应现今的图书出版业，需要转向数字化营销，其中短视频图书营销势如破竹，是出版商、书商、作者等营销主体的新机遇。

BookTok 是 TikTok 中的一个话题标签，并于 2020 年 4 月正式成为 TikTok 中的阅读社区。BookTok 在图书推荐上产生了巨大影响，不仅能够宣传与推广新书，同时还能促进库存书销量的增长。图书调查研究公司 NPD Books 执行主任克里斯汀・麦克林指出，2021 年被 BookScan 认定拥有大量 BookTok 粉丝的 80 位作者的书籍销量翻了一倍多，从 2020 年的 900 万册销量增至 2021 年的 2000 万册。2018 年出版的亚当・西尔弗拉的《他们最后都死了》（*They Both Die at the End*）得益于在 BookTok 的流行，在 2021 年度美国青少年读物类别中销量排名第一，销售近 68.5 万册。

从 BookTok 标签的极高浏览量与其助益的销售数据可以推断，TikTok 短视频营销将是图书推荐的有力途径。本文以 BookTok 标签下的热门视频作为研究对象，探析 BookTok 标签下的短视频特征与当前出版商、书商、作者等不同主体的营销表现，并提出 BookTok 创新营销启示。

二、BookTok 标签下的短视频特征

（一）多元形态丰富社区内容

BookTok 标签下的短视频时长通常在 10 秒至 30 秒之间，具有丰富多元的形态。通过浏览 BookTok 标签下点赞数量排名由高到低的前 150 条短视频，视频内容可被大致归为图书推荐类、阅读环境展示类、阅读话题互动类、阅读习惯分享类、知识分享类等。其中图书推荐类短视频的形式包括：再现影视片段、第一人称叙述图书情节、模仿图书情节、记录阅读情绪、展

示封面内页、展示电子书、分享书评、直接推荐等。其中，第一人称叙述图书情节、记录阅读情绪、展示封面内页的形式占比更多，且在评论区中体现出较高的用户阅读意向。例如 @lauryns_libray 在推荐《非度蜜月的人》(*The Unhoneymooners*) 一书时，以第一人称的口吻叙述了故事的初始情节，设下悬念，评论区中有很多用户表示一开始他们认为创作者在讲述自己的真实经历，看到视频最后才发现是在介绍书的情节，该条视频共获得 1700 万次播放量、400 万次点赞与 2.98 万条评论。

（二）强情感冲击力提升用户阅读欲望

TikTok 短视频本身存在着丰富而夸张的表演、绚丽的特效、节奏感强的背景音乐等吸引眼球的特征。一些 TikTok 标签下的爆款短视频有着共同的特征，即具有强烈的情感冲击力。@alifeofliterature 账号由一对姐妹共同经营，其创作的系列短视频通过配图、音乐、剪辑等手法形成强情感冲击力，制造了引人入胜的效果。以《说谎的人》(*We Were Liars*) 图书推荐视频为例，视频开头展示了书的封面，并在字幕中写出书名与作者，然后用卡点特效快速展示一系列图片：沉溺于海中的人、着火的房屋、听音乐的女人、海边亲吻的情侣、汹涌的海浪等，使用节奏感强、与图片氛围相匹配的深沉背景音乐。视频在 13 秒内结束，给用户留下这本书的整体感觉，但用户对书中发生的故事知之甚少，不存在剧透。另一类具有强情感冲击力的视频是读者在阅读时潸然泪下的场景，创作者长时间地拍摄自己阅读的画面，并捕捉到哭泣的瞬间，再通过剪辑展示给用户。用户可以未经过滤地看到创作者的情感和想法，从而增强他们与创作者的情感联结。@thebooksiveloved 的创作者宝林·娟表示，她发布的最受欢迎的视频是“关于让你哭泣的书”，如果在镜头前哭泣，浏览量就会上升。

在具有强情感冲击力的短视频评论区中，用户往往会展现较强的阅读与购买欲望，例如 @alifeofliterature 的《传奇》（*Legend*）推荐视频的评论区中，点赞数量排名第一的评论写道："我被说服了，是时候购买了。"

（三）草根性利于短视频的宣传与再生

在当红的国际社交媒体上，处处都有与图书推荐相关的原创内容，但并不是所有社交媒体平台的内容都以相同的形式呈现，并具有像 BookTok 一样好的营销效果。油管（YouTube）中以图书为主题的内容通常是较长的视频，提供深度评论、深入讨论和推荐，尽管人人可录制可上传，但打造精品内容与吸引用户的门槛依然较高。照片墙中以图书为主题的内容往往是以精美的书立、诱人的书架、豪华的家庭图书馆和赏心悦目的阅读角落等精致照片吸引用户，经过过滤、编辑和精心策划的图片司空见惯，对用户来说略显过时。BookTok 推广图书的力量依赖于其草根性质，展现在用户面前的内容显得更加不经过滤、更原始、更真实，且人人皆有可能创造爆款，这便促进了用户广泛生产内容。同时，具有较高媒介素养的年轻一代尤其会被没有广告收益的同龄人的推荐视频所吸引，产生较好的说服效果。

（四）适合亚文化的扩散并形成长尾效应

TikTok 作为开放性、低门槛的短视频社交平台本身具有聚集亚文化爱好者与小众人群的功能，这一点在图书营销领域也有着突出的表现。戴明自 2015 年起运营一家位于纽约的书店"The Dog Eared Book"，她在 BookTok 标签下分享了与书店运营相关的内容，她发现店中一些性少数题材的书籍会被持反对态度的人进行反转放置。在短视频发布的几小时内，她的书店收到了大量性少数题材书籍的订单，是平日里的三倍。这条短视频共收获了 490 万浏览量并在评论区引发了持续的热烈讨论。2017 年出版的《他们最后都死了》在 2021 年度美国青少年读物类别中销量排名第一，在 2021 年度美国纸质畅销书排行榜中位列 11。该书也是性少数题材的作品，得益于在 BookTok 的流行而重焕生机，引发了更多小众人群的关注和讨论。

（五）Z 世代的集聚使内容以青少年图书为主

"Z 世代"是指 1995—2009 年间出生的一代人，他们一出生就与网络信息时代无缝对接，受数字信息技术、即时通信、智能手机产品等影响比较大。BookTok 创作者以青少年为主，在 BookTok 上引起轰动后重返畅销榜的图书——尤其是库存书，大多属于青少年图书类别（Youth Adult），包括 2017 年出版的《他们最后都死了》，2015 年出版的《小生活》（*A Little Life*），2014 年出版的《我们是骗子》（*We Were Liars*），以及 2011 年出版的《阿喀琉斯之歌》（*The Song of Achilles*）。

三、不同主体在 BookTok 的营销表现

（一）出版商营销表现

一方面，许多出版商正建设自身的 TikTok 账号并参与到 BookTok 话题标签中。以企鹅兰登出版集团和阿特里亚出版社为例，他们分别呈现了两种不同的账号运营方式。企鹅兰登出版集团账号 @penguinrandomhouse 发布的短视频大部分带有 BookTok 标签，近 3 个月的短视频主要通过与 @kimmybookss 和 @balloonbreath 两位 BookTok 创作者合作，其方式为直接在出版社账号内发布两位创作者的原创视频，且该视频均由两位创作者为出版

社特别创作，并不会在其个人主页内发布。短视频内容涉及与阅读相关话题的分享以及对企鹅兰登出版社与其旗下子公司出版图书的直接推荐，这些短视频的平均播放量约 7500 次，还创造了一条播放量 400 万的爆款视频。阿特里亚出版社是西蒙与舒斯特出版集团旗下的一家综合性出版公司，其 TikTok 账号 @atriabooks 同样也参与了 BookTok 标签下的创作，短视频均由出版社原创，主要形式为展示图书的封面、内页并配上字幕简单阐释主题。短视频播放量较低，平均播放量约 460 次。

另一方面，出版商有意寻找较为有影响力的 BookTok 创作者展开合作，通过意见领袖的宣传完成图书推荐。@moongirlreads_ 的创作者赛琳娜·维莱斯在 TikTok 上有超过 13 万名的粉丝，她表示出版商会在书籍上市前向她寄送免费书籍，以便她可以发布有关书籍的内容，她也已经开始制作出版商付费的短视频。她和其他二十多名 BookTok 创作者在照片墙（Instagram）上保持联系，讨论哪些出版商联系了他们；还有费用问题，每条短视频的费用在几百到几千美元不等。

（二）书商营销表现

在意识到 BookTok 热潮后，大书商和小书商都纷纷参与到这一短视频创新营销行列中。美国最大的书商巴诺连锁书店（Barnes&Noble）不仅积极布局 TikTok，参与 BookTok 社区，还在销售终端布置相关的营销设施，其在自身网站中开设“#BookTok”专栏，其中包括对 BookTok 本身的简要说明，并分类展示当前在 BookTok 中最流行的书。在线下，巴诺书店在美国门店中布置 BookTok 图书展架，其总裁夏农·德维托表示 BookTok 给书店带来了火爆的销售场面。全美第三大书店百万书店（Books-A-Million）和加拿大的艾格书店（Indigo Books&Music）也在其网站上设置了 BookTok 类别供消费者浏览。而小书商的主要营销目的是在 BookTok 中展示自我特色，吸引一定范围内的顾客，盘活线下书店。“The Dog Eared Book”书店店主戴明表示她在发布 BookTok 短视频后，许多在短途车程范围中的人通过看到她的短视频而成为书店的顾客。

（三）作者营销表现

对大部分作者来说，他们并不是专业的短视频内容生产者，其自身的短视频营销价值不高，但当作者是知名人士时，拥有专业团队的运作与自身流量的加持，就能在 BookTok 中产生巨大的营销价值。由兰登书屋出版的著名美国演员威尔・史密斯的自传 *Will*，于 2021 年 11 月出版，并于 2022 年 2 月销量突破 100 万，成为当时“纽约时报”排名第一的畅销书。威尔・史密斯从 2021 年 6 月就开始在 TikTok 中宣传该书，而其发布的携带 BookTok 标签的短视频最高收获 3770 万播放量，位于 BookTok 标签下播放量排行榜的第六位。其图书宣传短视频不仅有较为独特的创意，甚至还专门制作和融入了堪比电影的短视频特效。

此外，对于自出版的作者来说，参与 BookTok 能宣传自身的作品，还能完成自出版前期的市场调研与预热。芭芭拉・科斯特洛是一位家庭主妇，她的账号 @Bab aka Nonna 在 2020 年 4 月发布了第一个视频，内容为一个希腊鸡肉和土豆的食谱，在疫情初期引发了用户的反响，目前已有 170 万粉丝在观看她的早午餐视频。2022 年 4 月她顺势出版了自己的烹饪书《与巴布丝一起庆祝》（*Celebrate with Babs*），提供了从元旦到圣诞节的完整假期食谱。该书在美国 4 月 25 日这一周的精装非小说类书籍畅销榜中排名第四。作家加勒特・克伯在 2021 年 6 月 10 日发布 BookTok 短视频，称自己花多年时间筹备了一部作品，但出版社表示不感兴趣，因此他考虑自出版，“假如你感兴趣的话，请让我知道”，还在配文中简单介绍了书的主题。评论区中体现了不错的反响，该短视频共获得 790 万浏览量与 2.9 万评论量。因此其自出版作品《光之女》(*Daughter of Light*) 于 2021 年 6 月 28 日正式出版。自出版的前期流程掌握在作者手中，所以作者可以自由操控出版周期的长短，一本书的自出版过程可能只需要几个星期甚至更短的时间。通过 BookTok 社区，作者能在短时间内得到大量读书爱好者的反应与评价，自出版者拥有的市场调研的手段有限，BookTok 能为其决策提供及时的参考依据。

四、BookTok 创新营销的启示

（一）布局“短视频 + 社区”

移动社交媒体的新趋势表明，用户的注意力持续时间较短，并且更多地投入视觉媒体中，尤其是短视频内容。短视频适应人们当前的浏览偏好，爆发着旺盛的生命力，而短视频平台中以话题标签形式打造的阅读社区又能将大量读书爱好者聚集到一起，与图书营销结合，擦出巨大火花。就阅读社区而言，目前全球最大的网络阅读社区 Goodreads 聚集了大量的读书爱好者，拥有完善的书籍推荐、优质书评、阅读互动等功能，但依然停留在文字交流的层面。短视频的表现形式更加丰富多样，且短视频平台的用户范围更广，阅读圈子内外的用户还能不断渗透。“短视频 + 社区”将成为更有活力、更开放、更多样的网络兴趣圈子，是图书营销的机遇。

（二）以“Z 世代”为营销主体

Z 世代是 BookTok 用户的主力军，他们崇尚快乐、追求新潮、推崇个性、

兴趣多元，出版业应结合 Z 世代的群体特征开展营销。美国巴诺书商首席执行官詹姆斯·当特表示，BookTok 在吸引年轻人对书籍产生兴趣方面的成功符合他多年来一直看到的趋势：青少年和年轻人是书籍销售的主要驱动力，“我不是从老年人那里赚钱，我是从年轻人那里赚钱的。”

1. 制造与传递情感冲击

BookTok 用户所捕捉的是人们对一本书的“本能反应”，而文字、照片、书评类长视频等形式无法表达和传递这种感受，其关键在于内容的精练和情感的传达，用户希望收获的是更为快速、直接和新潮的体验。在 BookTok 标签下，具有情感冲击力的短视频会拥有更高的浏览量，同时也更能刺激图书消费，这与 Z 世代具有强烈的情感浸入感和寻找情感寄托的需求有关。

2. 重视图书的封面装帧

BookTok 标签下的热门图书以青少年（Youth Adult）图书为主，同时，“颜值经济”在 Z 世代中盛行，较多青年一代会通过封面来判断书籍。BookTok 短视频的时长大多在 15 秒以下，难以展现深度内容，很大程度依靠书籍封面装帧来吸引用户，这一点在短视频图书营销中尤为明显。TikTok 中还有一个“图书封面”的话题标签“bookcover”，截至 2022 年 3 月共有 8410 万浏览量。企鹅兰登旗下企鹅青少部 @penguin_teen 曾发布视频展示他们更改了《我会给你阳光》（*I'll Give You the Sun*）书籍的封面设计，原因是许多 BookTok 网友曾对旧版封面没写书名表示不满。可见，青少年读者对图书封面的重视程度较高。出版社在利用 BookTok 进行图书营销时，应重视图书的装帧设计，在视觉层面展示吸引人的图书封面，在听觉层面搭配用户喜爱的流行音乐，起到烘托作用，遵循短视频平台的传播规律。

3. 重点营销当代浪漫文学与惊悚小说

BookTok 的意见领袖和粉丝多为青少年和年轻女性。当代浪漫文学和惊悚小说是大受欢迎的门类。2021 年 BookTok 推动的最大热门图书《莉莉的选择》（*It End with Us*）的题材是浪漫文学。美国巴诺书商图书总监香农·德维托表示，“巴诺书店每周的畅销书排行榜上惊悚小说至少占据了榜单的三分之一。对于过去十年奇幻和科幻小说一直占据主导地位来说，这是一个很大的变化。特别是在过去的两年里，巴诺书店的惊悚题材书籍销售量表现得非常好。青少年读者被惊悚小说快节奏的本质所吸引，BookTok 绝对是这一类别持续成功的一个贡献因素。”

（三）丰富与 BookTok 创作者的合作渠道

BookTok 创作者是活跃在 BookTok 阅读社区中的用户，扮演着意见领袖，他们拥有各具特色的创新表达，能够持续输出高质量的短视频内容，善于维系粉丝关系。艾瑞咨询显示，Z 世代是关注 KOL 最活跃的群体，有 45.5% 的 Z 世代表示曾因 KOL 推荐而购买本不在计划内的商品。通过企鹅兰登出版集团 @penguinrandomhouse 与阿特里亚出版社 @atriabooks 账号间的对比可以发现，企鹅兰登账号中由 BookTok 创作者生产的短视频播放量高，影响力大。而像阿特里亚等部分出版社中，暂时还缺少能进行 BookTok 优质短视频创作的团队和人才。数量众多的 BookTok 创作者具有惊人的创作潜力，已拥有一定的粉丝基础，培养 KOL 并非一蹴而就，广告主与 BookTok 创作者进行直接合作不失为好的选择。

五、结语

BookTok 作为 TikTok 短视频平台的热门标签和阅读社区，吸引了众多 TikTok 用户的关注和参与，带动了图书销量的增长，已然成为国际图书商业化流行趋势的风向标，并引发了图书营销模式的创新。在熟悉 BookTok 短视频特征的前提下，出版商、书商、作者等主体都有机会通过不同的方式挖掘其营销价值，增长图书销量。BookTok 模式同样适合国内借鉴，着力打造“短视频 + 社区”的模式将是图书营销下一个发展风口。

参考文献

[1] 杨瑛 . 取代谷歌，TikTok 今年全球访问量第一 [N]. 解放日报，2021–12–28（9）.

[2] MILLIOT J. Print Sales Likely to Fall in 2022[EB/OL].（2022–01–28）[2022–07–01]. https：//www.publishersweekly.com/pw/by-topic/industry-news/bookselling/article/88413-print-sales-likely-to-fall-in-2022.html.

[3] MILLIOT J. Print Books Had a Huge Sales Year in 2021[EB/OL].（2022–01–06）[2022–07–01]. https：//www.publishersweekly.com/pw/by-topic/industry-news/financial-reporting/article/88225-print-book-sales-rose-8-9-in-2021.html.

[4] HARRIS. How Crying on TikTok Sells Books[EB/OL].（2022–03–21）[2022–07–01]. https：//www.inlander.com/spokane/how-crying-on-tiktok-sells-books/Content?oid=21344562.

[5] STEFANELLO.‘Bookstores are for everyone’：TikTok calls out bigoted customers, sparking wave of LGBTQ book sales [EB/OL].（2021–08–13）[2022–07–01]. https：//www.dailydot.com/irl/tiktok-lgbtq-books/.

[6] 佚名 . Z 世代 [EB/OL].（2022–06–06）[2022–07–01]. https：//baike.baidu.com/item/Z%E4%B8%96%E4%BB%A3/20808405?fr=aladdin.

[7] 顾捷昕 . BookTok 成为美国出版商营销主战场 [J]. 出版人，2021（8）：100–101.

[8] JURIS. This Week's Bestsellers：April 25，2022[EB/OL].（2022–04–22）[2022–07–01]. https：//www.publishersweekly.com/pw/by-topic/industry-news/bookselling/article/89133-this-week-s-bestsellers-april-25-2022.html.

[9] 孙佳怡 . 亚马逊自出版图书产品发展研究 [D]. 北京：北京印刷学院，2021.

[10] Stewart. How TikTok Makes Backlist Books into Bestsellers[EB/OL].（2021–09–03）[2022–07–01]. https：//www.publishersweekly.com/pw/by-topic/industry-news/bookselling/article/87304-how-tiktok-makes-backlist-books-into-bestsellers.html.

[11] 李哲，张田田 . 关键意见领袖对 Z 世代冲动性购买行为的影响 [J]. 商业经济研究，2022（4）：89–92.

人工智能与新闻出版的融合与发展研究

王静雅 *

摘要：人工智能，是一门研究运用计算机模拟和延伸人脑功能的综合性科学，其假设计算机系统具有人类的知识和行为，并具有通过学习、推理和判断来解决问题和了解人类自然语言的能力，最早的使用可追溯到 1997 年。现如今，随着科学技术的不断发展进步，人工智能的热潮再度被掀起，机器人写作、VR 直播、AI 主持人，在新闻出版的各个环节中都能看到人工智能的身影，但在运用这种新技术的同时也不免会产生一系列的伦理及法律问题。本文就以人工智能技术为切入点，从新闻出版的各个环节入手进行分析，旨在研究人工智能给新闻出版带来的机遇与挑战。

关键词：人工智能；新闻出版；出版强国

一、人工智能及其在新闻出版中的应用

人工智能，英文缩写为 AI，是指研究、开发用于模拟、延伸和扩展人的智能的理论、方法及技术的一门新的技术科学。李开复和王咏刚在《人工智能》一书中曾提出，“人工智能就是根据对环境的感知，做出合理的行动，并获得最大收益的计算机程序”。尽管前后两种定义对人工智能作出了不同的解释，但其概念的核心以及指向都是显而易见的，即人工智能是一门研究运用计算

* 王静雅，北京印刷学院出版学院 2019 级新闻传播学硕士。

机模拟和延伸人脑功能的综合性科学，其假设电脑系统具有人类的知识和行为，并具有通过学习、推理和判断来解决问题和了解人类自然语言的能力。

人工智能的使用最早可以追溯到1997年，当时IBM的电脑深蓝与国际象棋冠军卡斯帕罗夫进行比赛，几乎所有人都认为人工智能一方是绝对不可能获胜的，但最终的结果却出人意料。在前五局双方打平的情况下，卡斯帕罗夫在第六局决胜局中仅仅走了19步就对深蓝拱手称臣。这是人工智能在人类视野中的第一次亮相，人们不得不承认，人工智能在某些方面已经足以和人类较量。2016年，谷歌团队开发的AlphaGo程序以4：1的成绩战胜了世界围棋冠军李世石，而后在2017年再次战胜围棋冠军柯洁，这再一次掀起了人工智能的热潮。

许多新生的行业在人工智能的催生下成长起来，例如智能机器人、图像识别、手势控制等，这些行业与新闻出版业之间有着直接或间接的关系。彭兰教授曾经指出智媒化趋向和智媒化特征：“在人工智能、物联网、VR、AR等新技术的推动下，媒体将出现智能化趋向，其特征主要体现为万物皆媒、人机共生、自我进化。”彭教授指出的这种智媒化趋向在如今的新闻出版中已经显现，从新闻内容的生产到新闻信息的分发，人工智能贯穿了整个新闻生产的流程，毫不夸张地说，在新闻出版的一些环节中，可谓处处皆“智”。

以2020年全国两会（即中华人民共和国第十三届全国人民代表大会第三次会议和中国人民政治协商会议第十三届全国委员会第三次会议）为例，在新闻报道的过程当中，AI主播发挥了重要的作用。人民网推出了虚拟主播小晴，在会议进行中解读政府工作报告，而且在整个播报过程中并没有因为是AI主播而带来任何的违和感，整体对于数据的解读十分到位。除此之外，新华社也推出了自己的机器人，用户在打开新华网的界面之后，右下角就会出现一个小型的机器人，只要点击就可以进行自动播报，同时还会通过AI对一些热点问题进行播报。

除了在新闻分发方面运用人工智能，在新闻采集的过程中，人工智能也发挥了强大的作用。比如《人民日报》的记者在新闻现场通过佩戴 AR 眼镜的方式进行视频和照片的拍摄、信号的传输，甚至还可以通过手势与语音的方式来对眼镜进行指挥，整体呈现给受众的即是第一视角，增强了受众的代入感和沉浸感。

二、运用人工智能可能带来的伦理问题

新闻出版和新闻传播从来都不是单纯的商业活动，而是带有明显的公共产品属性。当新媒体已经成为公众获取信息最重要的途径时，就有必要对新闻出版的行为进行约束，规避可能产生的伦理问题和法律问题，并及时对已经产生的问题加以解决，从而维护新闻的真实性和合法性。

如今新闻出版的各个环节或多或少都会与人工智能产生联系，下面将逐一进行分析。

首先是新闻写作方面。不论是腾讯的 Dream Writer，还是新华社的“快笔小新”，都是新闻写作机器人。机器人写新闻看似新潮，但其实“新闻写作机器人”只是一套软件或算法语言。它自动采集数据和信息，然后撰写成人类可读的内容，具有内容精准化、生产高效化、信息易读性等优点，特别是在突发新闻上，通过人工智能的运用，记者省去了花费在路上的时间，确实降低了人力物力的投入。但从另一方面来看，机器人写作流程中存在着一系列的风险。第一，从人工智能角度来讲，网络爬虫在提取数据的过程中很难确保完全的准确和公平，同时也无法分辨是否侵犯到用户的隐私以及是否涉及版权保护作品；第二，从读者角度来讲，在面对大量的新闻信息时基本无

法分辨哪些是由记者撰写，哪些是由机器人所撰写，因此难以对内容进行真实性和客观性的判断；第三，从新闻从业者角度来讲，虽然机器人写作节省了时间和精力，但有些劳动确实是机器人无法替代的，正如陈昌凤教授所说，“智能化在新闻业领域的应用还相当初级，多数机器人还处于有能而无智的状态，不具备价值判断的能力。新闻的专业性，尤其是人类的判断力、价值判断体现出来的力量，机器新闻尚难以企及。”例如，当灾难发生时，准确的伤亡数字和灾情通报虽然必要，但读者同样关心身处灾区的同胞，希望能够从新闻中获取有关灾区群众的信息，这就体现了记者的优势，在特殊情况下针对多个采访对象的高强度采访、身处灾害现场的采访情境下等，作为真人的记者从情感和心理上都远胜于机器人。

其次是新闻分发方面。目前几乎所有的新闻平台都会使用算法推荐来分发新闻，从今日头条到一点资讯，根据用户的关注度和新闻的热度进行推荐已经成为常态，但不可忽视的是，在缺乏把关人进行信息筛选和把关的情况下，算法推荐可能会造成低俗的内容被广泛推荐给更多的用户，甚至形成“内容质量下降的螺旋”；而根据精准画像推荐的个性化新闻，也会使得用户被同质化信息包围，从而陷入信息茧房的困境中。虽然有关部门已经开始要求内容聚合平台进行低俗不良信息的过滤，如在2019年的国家网络安全周发布会上亮相的抵制低俗不良信息群防群治工作平台，查封“快视频 App”不良信息等，但效果并不显著，如今打开新闻软件或者微博，依然能看到大量的黄色信息或者恶意推销等不良信息。

最后是新闻呈现方面。正如上文所述，《人民日报》等主流媒体采取 VR、AR 等技术提供沉浸式新闻体验，确实提升了用户在观看新闻时的真实感，这样的体验在未来只会有增无减。但应当注意到，虚拟现实新闻可能会对新闻的客观性和真实性构成挑战。在 VR 新闻中，制作者无法完全控制用户观看画面时的思路，用户在观看时很可能会偏离新闻故事的主线，这样的偏离就会带来对新闻本身的关注度降低，从而失去了新闻出版的初衷。其次，VR 新闻的沉浸感和现场感也容易让用户形成“看到的即是真实的”错觉，根据李普曼的拟态环境的观点，这样的信息不仅会制约人的认知和行为，而且会通过这样的制约来对客观现实环境产生影响，也容易放大用户的偏见，形成传播闭环。

三、正视人工智能，推动建设新闻出版强国

人工智能确实延伸了人脑的功能，能够胜任一些简单甚至复杂的人类工作，但正如任何事物都具有两面性，人工智能在快速发展的同时业界也出现了不同的声音。其中一种是来自霍金、比尔·盖茨等人的“警惕人工智能”观，认为人工智能如果不受控制任其发展，最终必定会超越人类，成为人类的主宰者。这样的担忧在科幻小说和电影中向来不缺乏例子，在日本少年科学漫画家浦泽直树的《冥王》中，人工智能阿童木醒来后，写下了毁灭人类的原子武器公式。在 2014 年上映的电影《机械姬》中，人工智能 Ava 对生存的判断，也是抹杀所有控制她、测试她的人类。“如果你创造了一个有意识的机器，那将不再是人类的历史，而是上帝的历史。”这是电影中的一段话，导演借角色之口表明了自己的态度，即人工智能的终极就是人类的毁灭。在本文的第二部分同样对人工智能在运用时产生的伦理和法律问题进行了阐释，但如果仅因为此就将人工智能视为洪水猛兽，处处设防，限制其发展，似乎也没有必要。

另一种观点就是来自雷·库兹韦尔的“期待人工智能”观，这种观点有值得肯定的方面，比如其认为虽然谷歌团队的 AlphaGo 战胜了人类，但是归

根结底这仍然是人类的胜利，因为AlphaGo是人类开发和创造的。但像这样单纯的乐观主义也有不足，个人认为，对待日益发展的人工智能，较为合适的观点是正视其带来的各种利与弊，既支持人工智能的发展，又防范其因为滥用或误用而产生的危害。

任何新生事物的发展和成长必定有一个过程，适应技术的变革，紧跟数字化和信息技术的发展趋势，建立新闻出版业在文化领域的业务体系，在媒介融合的大背景下实现转型与升级，将成为今后中国新闻出版业的发展趋势。

以用户为导向、客观性和真实性为原则、新技术为支撑的融合发展，对新闻出版业自身提出了更高的战略目标，按照目前的形势，仍沉溺于单一的技术模式已然不可，只有把类似人工智能的新技术作为突破口，才能逐步实现把新闻出版做强做大的目标。

针对上文中提出的人工智能在应用时产生的伦理问题，新闻出版业已经逐步给出了解决方案，如加大对专业新闻记者和编辑的培训，使其能够规范机器写作中可能存在的新闻失范问题。国际上也发表了相应的条例，如欧盟于2016年出台《通用数据保护条例》，德国垄断委员会发布了《竞争政策：数字市场的挑战》等，但如何从根本上解决人工智能在使用时的问责和透明度问题，新闻出版业还需要进一步研究。

围绕着人工智能的话题从未停歇，警惕的声音始终存在，但这不该成为新闻出版人恐惧新技术的理由，我们应该善用人工智能，我国的新闻出版业也应当跟上技术发展的潮流，全力推进新技术的应用，最大限度开发出人工智能的价值，这不仅是每一个高素质的媒体人的选择，也是整个新闻出版业的必然选择。发展新闻出版的突破口，就是进行资源整合，深入运用高科技，以内容为导向提高自身的文化传播水平，从而在全球范围内形成竞争优势，继而推动建设出一个新兴的新闻出版强国。

参考文献

[1] 丁晓蔚，王雪莹 . 科技的渗透与融入——大数据、人工智能应用于新闻出版的研究综述 [J]. 西南民族大学学报（人文社科版），2019（7）：150–156.

[2] 陈伟军 . 媒介融合视野中的新闻出版强国建设 [J]. 中国出版，2010（21）：39–42.

有声读物著作权集体管理模式探究

熊诗倩 *

摘要：随着我国有声读物市场规模不断扩大，有声读物在繁荣发展的同时也面临着严重的侵权问题。在著作权人个体无法保障自身权益、表达自我诉求的情况下，集体管理组织作为中介对作品能够发挥有效的保护作用，将著作权集体管理引入有声读物的著作权管理一定程度上能够更加有效地维护著作权人的合法权益，促进有声读物市场的良性发展。本文通过对有声读物著作权侵权现状分析，提出对有声读物实施集体管理的必要性，并探究有声读物著作权的集体管理模式。

关键词：有声读物；著作权；集体管理

有声读物，也称“有声书”，美国音频出版商协会将其定义为“其中包含不低于 51% 的文字内容，复制和包装成盒装磁带、高密度光盘或单纯数字文件等形式进行销售的录音产品。”有声读物最早出现于 20 世纪 30 年代，起初是帮助特殊人群阅读的辅助工具，随着大众消费的驱动，有声读物的优势进一步显现，在读者市场逐渐普及。我国的有声读物行业起步于“随身听”和各大听书网站，2011 年蜻蜓 FM 的出现，标志着我国有声读物行业进入移动听书时代。近年来有声读物市场的快速增长显示出有声读物巨大的市场潜力。根据艾媒咨询 2019 年公布的数据显示，2018 年中国有声读物市场的销售额达 46.3 亿元，较 2017 年的 32.4 亿元增长了 42.9%，近三年来保持着平均 40%

* 熊诗倩，北京印刷学院出版学院 2019 级出版专业硕士。

的增速，据艾媒咨询统计，这个数字在 2019 年有望达到 63.6 亿元，用户规模或高达 4.78 亿元。

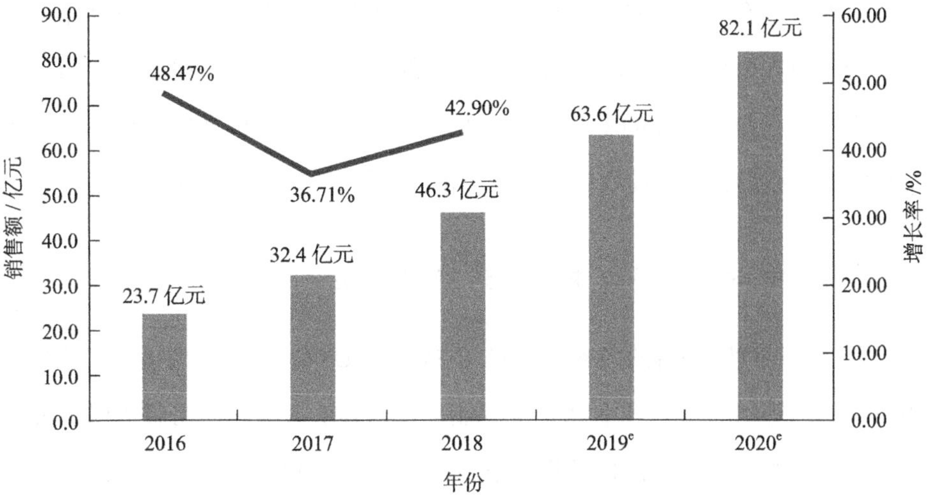

图 1　2016—2020 年中国有声读物市场规模及预测

注：e 表示 2019 年、2020 年销售额为预测值。

有声读物产业蓬勃发展伴随着频发的侵权行为，我国近年来涉及有声读物侵权的案件诉讼屡见不鲜。以喜马拉雅 FM（上海证大喜马拉雅网络科技有限公司）为例，通过知产宝可检索出的其近四年著作权相关纠纷多达 662 件，基本囊括了该公司的全部法律诉讼案件。

有声读物产业在快速发展的同时，也面临着诸多问题，如质量良莠不齐、产品变现能力弱、侵权纠纷频发等。其中侵权问题随着市场规模的扩大日益突出，有声读物的著作权问题日益成为我国数字出版产业发展的一大桎梏。

一、有声读物侵权的产生原因

2017 年，作家谢鑫状告懒人听书通过信息网络向公众提供其作品《72 变小女生》的有声读物，侵犯了其作品的信息网络传播权；2018 年 3 月，作家曾鹏宇在微博发文声称其作品《世上有颗后悔药》在未经他本人及出版社授权的情况下，在喜马拉雅 FM 平台发布了的全本有声读物内容；2019 年 4 月作家慢三也在微博发文称其作品《暖气》的有声版本也在未授予版权的状态下出现在喜马拉雅 FM 的平台之上。上述作者的遭遇，只是近年来有声读物市场的一个缩影，有声读物侵权乱象不止，究其原因，主要有以下几个方面。

（一）有声读物平台未能履行管理责任

目前有声读物平台的内容生产方式主要以“UGC+PGC”（专业生产内容 + 用户生产内容）为主，其中 PGC（专业生产内容）大多是向出版机构购买著作权获取资源，存在的侵权风险较小。而 UGC（用户生产内容）的部分就成为版权争议的重灾区，当前有声读物平台上的海量内容由用户上传，平台对有声读物缺乏内容审查，一旦发生侵权行为，就以“避风港原则”作为保护伞，仅通过道歉和移除侵权作品规避侵权责任，其侵权行为所得利益仍然存在，对平台而言并未造成任何损失，最大受害者是著作权人，作品的商业价值因此受到极大损害，而大量的侵权作品在未被主张之前依然在平台上广泛传播。

（二）侵权无意识，维权不主动

UGC 生产的内容之所以导致侵权现象高发，很大程度上也是由于用户认为自身的上传行为是无关痛痒的娱乐行为，缺乏对于作品著作权的认识和尊重。其次被侵权的作品数量众多，通过诉讼、谈判等方式维护自身权利的著作权人仍占少数，多数被侵权的著作权人选择沉默，维权意识弱，甚至部分著作权人还未发现其作品已被侵权。

（三）侵权成本低，维权成本高

技术的进步使得有声读物的制作门槛不断降低，用户通过各种终端即可实现由文字作品向有声读物音频的转化，在几乎不耗费任何成本的情况下就能够完成一系列的侵权行为。反观著作权人，由于有声读物著作权的保护制度还不健全，若作品被侵权，著作权人将为此耗费大量的精力与金钱。

（四）权利客体与主体关系复杂

我国《著作权法》规定，使用他人作品制作录音录像制品，应当取得著作权人许可，并支付报酬。对于有声读物的生产，从来源上来说它是文字作品的复制和传播，文字作品的著作权人对其享有著作权，有声读物的传播首先需征得原作品著作权人的许可并支付报酬。其次，有声读物也包含朗读者或演绎者对作品的改编或重塑，其对有声读物作品也应享有一定的权利。也就是说，有声读物合法传播应获得包括原作品著作权人、邻接权人的共同授权，可能涉及复制权、改编权、信息网络传播权、邻接权等多种权利，还可能包括著作权人、平台方、表演者、录音者等多个主体。

2016年，小说《香火》作者劳婧华状告蜻蜓FM，称该公司未经其许可，提供作品《香火》的在线有声读物服务，侵害了其对该作品享有的信息网络传播权。该公司辩称已通过转授的方式向北京鸿达以太文化发展有限公司获得授权。最终由于被告获得录音制品的授权期限超过了原告作者授权北京鸿达以太文化发展有限公司中的许可期限，被告被判侵权。由于有声读物权利人的复杂性，权利链条错综复杂，在授权过程中稍不留意就可能构成侵权。

（五）缺少相关的法律规范

国外的有声读物产业经过漫长的发展历史，已然形成了成熟的法律法规和版权交易管理制度，为有声读物产业的持续发展奠定了良好的行业基础。美国的有声读物内容提供者主要为各大出版集团和版权代理公司，在与著作权人签署出版合约时就会将包括电子书、有声书等各种出版形态考虑在内，有效避免了后期作品开发带来的侵权可能。与欧美国家百年的有声读物产业史相比，我国的有声读物产业起步仅数年，还未形成成熟的运营机制和行业规范，法律规章制度的制定也远远跟不上有声读物发展的脚步。

我国的有声读物侵权判定，尚未出台成文的法律规范。要厘清有声读物的侵权行为，首先应明确有声读物的法律性质，才能对其著作权及相关权利做进一步探讨。我国法律上对于有声读物的属性还未有明确的定论，法院目前对于有声读物相关侵权案件的审判中，多把有声读物归为录音制品。但以有声读物的形式来看，它基于文字作品并以音频形式传播，它可以是文字作品的简单机械或人工复制，也可以是经过表演者、录音制作者改编、创意的成果。因此，“独创性”应是判断其是否为作品的主要依据，但就目前的有声读物作品而言，不同的作品所附带的“独创性”有一定差别，而且法条中关于作品独创性的满足条件也没有明确的规定，所以关于有声读物是不是作品，还有待相关法律的进一步明确。

二、有声读物集体管理的必要性

（一）著作权集体管理组织的功能

著作权集体管理组织最早是由著作权人自发组织建立的维权机构，随着人们版权意识的增强，著作权集体管理组织也逐渐由群体行为上升为法律层面的组织行为，履行著作权的服务、保护和管理等职责。

当前世界上著作权集体管理的组织形式大致可分为两种：以英美法系国家为代表的竞争模式和以大陆法系国家为代表的垄断模式。我国属大陆法系国家，实行垄断式的集体管理组织形式，在各个行业有且只有一家管理组织负责该领域内的著作权集体管理。我国目前已建立了五大著作权集体管理组织，受国务院著作权管理部门管辖，在实现和维护著作权人合法权益、打击侵权盗版行为等方面发挥了有效的作用。

著作权集体管理组织的职能主要体现在以下四个方面：第一，与著作权人签订许可使用合同，负责会员作品的许可使用费收转工作，由集体管理组织根据作品的情况制定使用费收取标准，代替著作权人与使用方通过协商、诉讼或仲裁等方式收取使用费，再向会员分配。第二，作品信息的收集与管理。对市场上的作品进行登记和信息收集，以方便权利人和使用者查询。第三，维护会员合法权益。当会员作品著作权受到侵犯时，集体管理组织可以其名义代表会员向侵权方提起诉讼。第四，提供法律咨询服务，帮助解决著作权人、使用者在作品授权使用过程中遇到的法律问题。

（二）解决个体权利实现的困难

有声读物是出版形态数字化的产物，数字技术的发展意味着作品的传播速度、规模迅速增长，也给侵权行为带来可乘之机。著作权人作为单一的权利个体，很难在庞杂的作品网络中准确了解自身作品的传播现状，更难把握是否有侵权行为的产生。著作权集体管理在取得著作权人授权的情况下，可以及时跟踪、了解作品的使用情况，避免了潜在的侵权可能。

另外，由于著作权人缺乏对相关法律法规的深入了解，在维权过程中可能会遇到举证不清、无法准确认定权利标准等问题。且有声读物侵权方常涉及某些大型互联网公司，而著作权人的财力、精力都极为有限，很多时候无法进行有效维权。此时集体管理的介入就极为必要，例如科普作家高士其的家人曾向中国文字著作权协会（以下简称文著协）反映在有声读物平台听到有人朗读高士其的作品，但对方并未联系其获得授权，因此希望文著协能够为其出面维权。

在有声读物侵权现象频发的背景下，将著作权集体管理模式引入有声读物的著作权管理中，能够有效利用集体管理组织的专业性、公开性及高效性，解决著作权人授权与维权过程中的困难。

（三）有效的中介协调作用

著作权集体管理组织不光扮演着权利人的“把关人”角色，同时也是权利人和使用者有效沟通的中介平台。随着国家对知识产权的保护力度不断加大，有声读物平台也逐渐意识到著作权保护的重要性。许多有声读物平台开始寻求各种方法加强对上传的有声读物内容进行监管，例如喜马拉雅 FM 引入大数据、云计算等技术构建后台内容审核系统，蜻蜓 FM 则制定了明确的“版权说明”，要求用户在上传作品时必须提交完整的授权材料。同时各个平台均附有相关服务协议和版权投诉链接，以起到一定的规范、警示作用。但还应看到，有声读物平台采取的检测与保护措施多为“事前提醒，事后删除”，其规定不具备任何法律效力，难以从根本上规范侵权行为。同时，用户上传的内容数量巨大而庞杂，且有声读物的权利认定较为复杂，平台在执行过程中难免会产生侵权识别不清、效率低下、因权利人分散而授权困难等问题。集体管理组织在替著作权人维权的同时，也能够为使用者提供清晰的授权合同，降低交易成本，规避侵权风险。

在有声读物侵权屡禁不止的现状下，将其归于著作权集体管理的范畴进行统一管理，有利于作品的正常使用，进一步规范有声读物市场，促进有声读物产业的健康发展。

三、有声读物著作权的集体管理模式

目前我国对于有声读物的集体管理主要由民间自发成立的管理组织进行，主要有中国广播电影电视社会组织联合会有声阅读委员会（以下简称有声阅读委员会）和中国听书作品反盗版联盟（以下简称反盗版联盟）。其中有声阅读委员会致力于培育优质有声读物产品，在有声读物的著作权保护方面作用较为有限。而反盗版联盟在实际操作中多关注社会影响大、赔偿金额高的侵权行为，对于零星的侵权行为无暇顾及。加之侵权案件数量庞大，联盟所能服务的数量也极为有限。面对庞大而复杂的有声读物产业，仅靠民间力量很难进行统一的管理和维权，我国现行的著作权管理组织性质虽为社会团体，同时也受国家版权局管辖，在著作权管理的能力和范围上都要明显优于自发成立的民间团体，且在政府的管辖下实际操作更为公平、透明。随着有声读物产业发展规模的不断扩大，亟须将其纳入著作权集体管理组织管辖范围内，对有声读物实行统一管理，以维护相关权利人的利益。

（一）成立有声读物集体管理组织

有声读物的法律属性复杂，往往涉及多个权利主体，包括文字作品的著作权人、表演者、录音制作者等，我国现行的垄断式集体管理模式可能会造成对其他主体权利保护缺失的状况。通过建立有声读物集体管理组织，对有声读物进行统一的监管与授权，能够有效区分有声读物的作品属性，有利于进一步明确有声读物的作品性质、相关权利内容和主体。

作为世界有声读物销售规模最大的国家，美国早在1987年成立了有声读物出版商协会（Audio Publishers Association，缩写为APA），APA成员由有声读物出版公司和相关领域的联合供应商、分销商和零售商共同组成。该协会在美国的有声读物产业中扮演着双重角色，既是一个对有声读物产业进行观测和分析的行业协会，也是宣传推广有声读物的市场营销者，对推动有声读物产业的发展起到了举足轻重的作用。我国有声读物市场正处于快速发展阶段，用户需求不断增大，智能技术拓宽了有声读物的应用场景，人们的付费意愿普遍增强。在此背景下，有声读物集体管理组织不仅能起到维护有声读物著作权的作用，还能对有声读物的发展提供一定的引导作用，通过对有声读物市场数据的统计分析指明有声读物的发展方向，并借助行业优势与各个出版社、运营平台加强合作，以宣传推广的方式增强受众对于有声读物的认知。

（二）提供可供参考的行业标准

有声读物集体管理的重要作用除了打击侵权行为、维护著作权人权益之外，还有广泛开展有声读物著作权保护的调查研究工作，在有声读物法律性质不明确、权利链条复杂的情况下为国家立法机关及著作权行政管理机关提出可供参考的行业标准，促进国家法律法规的进一步完善。

有声读物的作品类型多样，对不同类型的有声读物产品应实行差异化管理，对于有声读物的价值作出进一步评估，以作为不同有声读物作品稿酬支付和赔偿标准的基础。在积累众多的侵权纠纷处理经验的基础上，设立相应的咨询平台，使未入会的著作权人在没有集体管理组织代理维权的情况下对著作权的侵权行为也能有一定了解，提高著作权人的维权意识。

（三）与内容服务商展开合作

市场上大部分的有声读物资源归网络运营平台享有，有声读物集体管理要对作品进行统一管理，就必须与有声读物平台达成合作，对现存的有声读物进行整理备案、分门别类。有声读物作品的统计工作是利用科学的方法搜集、整理、分析有声读物产业的内容生产现状，是从定量认识向定性认识转化的过程，为有声读物产业的持续发展提供数据和样本支持。

另外，有声读物的版权纠纷主要集中于著作权人与平台之间，与平台达成合作有利于协调著作权人与平台之间的关系，同时也能使网络平台自我规范，减少侵权现象的发生。同时内容服务商的参与能够避免集体管理组织管理权利滥用的情况，双方既相互合作又互相监督，管理机制更加灵活，对于有声读物这类仍处于发展阶段的作品来说是一种积极的探索。

（四）建立有声读物数据库和数字化管理系统

对作品进行统一编码的做法在出版领域早已有之，如中国标准音乐作品编码、国际标准书号系统等。随着数字技术的不断发展，以数据库技术建立信息检索系统的方式逐渐成熟，有声读物集体管理也可借鉴该做法，将有声读物作品以编码的形式进行管理，通过搜索编码即可查看有声读物作品的基本信息及版权所有，并能够借助编码对有声读物的使用情况进行追踪，确保著作权人对其作品的使用知情权。

我国《著作权集体管理条例》第二十四条规定，“著作权集体管理组织应当建立权利信息查询系统，供权利人和使用者查询。”对于有声读物的权利信息，应明确其原作品的著作权人、表演者、录音制作者及其各自所享有的权利，以便在版权授予的过程中确保授权链条的完整、清晰。

中国音乐著作权协会（以下简称“音著协”）在其官网上开发了音乐作品网上许可系统，作品使用者可通过该系统进行版权许可和交易，在线上对使用者的资质进行审核并签订合同，大大简化了版权交易的流程，提高了作品的传播和利用效率。以音著协的使用系统为例，有声读物集体管理组织也可建设关于有声读物作品的授权使用系统，使工作效益最大化。

四、结语

如何加强有声读物的著作权保护力度，有效遏制可能发生的侵权行为，是当前我国有声读物市场发展所必须面对的问题，著作权集体管理制度能有效打击侵权行为，使权利人经济利益受到保护，并且在授权许可、版权交易和侵权诉讼中能发挥重要的作用。建立有声读物集体管理组织，可以有效管理有声读物的授权链条，打击侵权行为，推动有声读物市场的繁荣与发展。同时，在有声读物集体管理的实践过程中形成的经验和规律，能够规范行业秩序，进一步完善相关法律法规。目前市场上海量的有声读物资源大多归网络运营平台所有，因此在对有声读物实施集体管理时，应广泛与内容服务商展开合作，运用数据库技术对有声读物进行编码管理并构建版权使用系统，利用著作权集体管理制度的优势，实现有声读物市场的科学有序发展。

参考文献

[1] 胡海燕 . 美国有声读物的发展对我国的启示 [J]. 新闻研究导刊，2015，6（24）：191–196.

[2] 吴钊，杨垒垒 . 中国移动听书研究：历史源流与现实图景 [J]. 现代传播（中国传媒大学学报），2018，40（3）：151–157.

[3] 艾媒咨询 . 2018—2019 中国有声书市场专题研究报告 [EB/OL].（2019–01–23）[2020–04–11]. https：//www.iimedia.cn/c400/63471.html.

[4] 周璇 . 有声读物的法律性质及版权问题研究 [J]. 法制与社会，2017（11）：64–65.

[5] 王立达 . 论我国著作权集体管理制度的模式选择 [J]. 法制与社会，2014（14）：208–210.

[6] 邱迁惠 . 数字化时代我国著作权集体管理制度研究 [D]. 桂林：广西师范大学，2019.

[7] 邵希炜 . 文著协：访作家 探心声 努力当好作家们的“娘家”[EB/OL].（2019–05–07）[2020–04–11]. http：//www.ce.cn/culture/gd/201905/07/t20190507_32017961.shtml.

[8] 王辉 . 有声读物版权集中管理的必要性和模式设计 [J]. 现代出版，2019（2）：52–54.

[9] WHITEHOUSE G. Developments and Tensions in the UK and US Audiobooks Market[J]. Publishing Research Quarterly，2010，26（3）：176–182.

[10] 邢王霞 . 网络环境下著作权集体管理探析 [J]. 河南科技，2018（36）：26–28.

[11] 田原 . 有声读物平台的著作权保护问题研究 [D]. 北京：北京印刷学院，2019.

[12] 王涵 . 数字有声读物版权保护现状实证研究——以“喜马拉雅 FM”为例 [J]. 出版发行研究，2019（2）：69–72.

[13] 初晓旭 . 新媒体环境下有声读物版权侵犯问题与应对策略 [J]. 出版发行研究，2018（9）：34–37.

[14] 冷协凡 . 有声读物著作权保护探究 [D]. 广州：华南理工大学，2017.

[15] 贺言 . 有声读物中涉及的著作权问题研究 [D]. 昆明：云南大学，2016.

[16] KOZLOWSKI M. Good e-Reader Global Audiobook Report for 2019[EB/OL].（2019–01–12）[2020–05–01]. https：//goodereader.com/blog/audiobooks/good-e-reader-global-audiobook-report-for-2019.

全球局势变化背景下中国童书如何稳步“走出去”

张元耀 *

摘要：2019 年以来全球局势的变化对于我国的童书整体进出口有着实际的影响，如何在这一背景下做好童书的“走出去”是我们需要考虑的问题。本文反向思考，以引进版童书在国内的运作为出发点，分析海外童书的本土化方式方法及运营方式，从内容与传播方法途径等方面进行研究，将成功的经验用于“走出去”。并从国际组织层面、政府层面以及企业自身层面进行分析，以期推进中国童书出版稳步快速地走出国门。

关键词：引进来；走出去；本土化；国际组织

2019 年以来，国际经济及政治形势发生了重大变化，出版活动作为一项国际性的商贸活动，与国际形势密切相关，同样面临着严峻的考验。少儿出版是公认的我国出版业成长性最好、活力最强的一个板块，在严峻的国际大背景下，我国如何平衡好海外版童书的引进与国产原创童书的出口之间的关系，如何借助过往引进来的成功经验反哺“走出去”，如何在国际组织的帮助下抓住机会优化企业自身童书出版质量与结构，这些都是至关重要的问题。

---

* 张元耀，北京印刷学院出版学院 2019 级出版专业硕士。

一、2019 年以来全球局势变化对中国童书“走出去”的影响

2019—2022 年，受全球范围内重大局势变化影响，国内从幼儿园到高中的孩子在家阅读的时间和机会大大增多，很多家长会通过互联网平台为孩子选购童书。通过开卷数据搜集发现，2019—2022 年，中国少儿图书市场海外版权的资源至少占整个市场的三分之一，并且一些海外版权大 IP 始终占据在畅销书排行榜的顶端。引进版畅销书是长期支撑中国少儿图书市场的重要基石，各个出版企业在这样的特殊时期更是会抓住这样的机会扩大市场，以弥补重大突发事件对其他图书类型造成的不利影响。综上所述，重大突发事件对中国童书市场的引进来造成的影响是有限的。但是，我国童书的“走出去”是实实在在地依靠版权输出、实物出口、国际合作设立海外分支机构、开展国际书展等模式进行的，三年间的全球局势变化使得各国的经济、交通受到直接的冲击，这就给原本是发展中的“出版大国”而不是“出版强国”的中国出版造成了直接和间接的影响。

（一）直接影响

版权输出平台锐减。2020 年上半年国际书展陆续取消，2020 年 3 月 2 日，原计划当年 3 月 20 日—3 月 23 日举办的法国巴黎图书沙龙宣布取消。由于西蒙与舒斯特出版集团、美国赛阅公司等重要展商纷纷宣布不参加伦敦书展，2020 年 3 月 4 日的伦敦书展也被迫取消。2020 年 3 月 12 日，历经 57 年的博洛尼亚国际童书展在延期一次后正式宣布取消。只剩下 2020 年 10 月的德国法兰克福书展如期举办。伴随着各种形式的国际出版交流平台的减少，相应地，国内童书出版企业就缺少了在国际舞台展示自己产品的机会，中国的版

权经理人也难以有机会与海外合作方进行面对面的交流与洽谈。尽管部分业务可以通过互联网进行，但是在必要的图书整体展示、版权业务探讨和洽商沟通方面,网络还是无法完全替代的。版权输出工作的推进因而变得非常缓慢，只能维持原有合作的友好联系，很难开展新的合作。

（二）间接影响

全球数字出版物表现突出，间接打击中国童书“走出去”。近年来，我国的出版产业数字化转型进程速度是有目共睹的，但是由于各种原因，我国童书的数字化发展程度及水平却相对缓慢。首先是在家长的观念中，普遍认为电子产品对孩子眼睛损害较大，不允许孩子过多接触电子产品。在电子产品的使用时间上，也对孩子严格限制。这在一定程度上阻碍了童书产品数字化的进程。其次是在技术层面，受限于技术的制约，多数童书只能提供静态页面，相比较于发达国家童书数字化中体现的动态互动就显示出差距。虽然可以按照以游戏开发的模式进行童书数字化设计，但是其制作成本高，制作周期过长，这也是导致我国童书数字化进程缓慢的一个重要原因。最后就是童书板块的高速增长，使得出版社之间的竞争也较为激烈，许多出版社都在传统图书板块发力竞争，并未对童书数字化进行大力推动。综上所述，我国童书的数字化转型及生产出的产品在“走出去”方面并没有足够的竞争力，更何况是在全球整体出版环境不太良好的特殊时期。

二、从引进来看“走出去”

综上所述，面对全球局势变化对我国童书“走出去”的影响，应该先从自身找原因，从过往的经验中总结提炼。回顾过去，中国童书之所以能够有

“黄金十年”的飞速发展，其中一个很重要因素就是中国童书出版人同世界优秀的出版同行们进行了广泛而深入的交流与合作，在引进大批优秀外版童书的同时，获取了丰富而宝贵的出版经验，逆向推动了我国童书自身原创水平及宣传包装能力的全方位提升。仔细思考下不难发现，外版童书在中国的成功运作与中国童书走进海外各国市场，其本质都是内容和传播的本土化问题。了解到了本质，就可以从以下几方面入手，为特殊时期中国童书“走出去”提出一些略有参考性的建议。

（一）坚持做好精品童书是走进海外市场的基本条件

原创内容是“走出去”的核心资源，而精品原创内容则是“走出去”的核心竞争力。很多外版童书之所以能够融入中国市场并取得成功，其决定性因素在于品质。十几年下来，凡是在中国童书榜单上成绩斐然的外版童书，无一不拥有过硬的整体品质。因为这些童书都是在出版人们专业的评估、严格的选品和后期精心的品控下，确保其在故事情节、画面设计和制作工艺等方面精细优良之后才出现在市场上的。就像我们熟知的，儿童文学作品类中的《哈利·波特》《了不起的狐狸爸爸》《窗边的小豆豆》，少儿科普图书中的《昆虫记》《DK 儿童百科全书》，绘本中的《鼹鼠的故事》《好饿的毛毛虫》，动画书中的《小猪佩奇》等，这些童书能够得到中国读者认可的最直接原因就是过硬的整体质量。从我国的角度想也是同样的道理，原创童书要真正走出国门，获得海外读者的认可，必须要有过硬的内容品质。因此，要打造走进国际市场的精品作品，最重要的一点就是，原创童书的作者和编辑要把内容生产置于国际化的大背景下，制作海外儿童都读得懂、喜爱读的作品。用市场化的语言说就是要考虑用户体验，考虑到文化差异和思维逻辑上的不同，尽量以共通的叙述形式将内容传递给海外的孩子们。

（二）童书整体本土化加工是打进海外市场的重要保障

通过对于外版童书在中国市场的情况分析研究，我们不难发现，一些整体品质优良的童书并没有受到家长和孩子们的认可，反馈的意见大多是图书内容、思想和中国的文化背景差异大甚至是与国情相悖。由此可以类推，要想“走出去”且真正“走进去”，做好精品童书的本土化工作是重要保障。

首先，要考虑的就是翻译工作。有些荣获国际大奖，如凯迪克奖、赛博特奖等的引进类童书的中文翻译并不完美，只是在一定程度上对照原文较为生硬地译成中文，这就导致原文意味中较为地道和具有风韵的词句的展现受到了限制，从而影响了其在中国童书市场上的扩展程度。

其次，第二步是书籍的整体装帧设计工作。当我们看到一本书的时候，最先吸引我们的大多数是它的封面，然后是翻阅时纸张的感觉，内文的排版、插图风格等。童书的出版目的就是为了让儿童阅读并从中有所收获，所以能吸引孩子和父母的目光是非常重要的一点。这就要求我们在整体设计的诸多方面都应该以当地儿童的阅读习惯、价值认知和喜爱偏好等为考虑点。以笔者目前实习所在的北京科学技术出版社为例，其引进的日本作家关口修所著的儿童天文学科普绘本《星空》在中国本土市场就大受欢迎。究其原因，除了内容上的高品质和主题的稀缺性，还有同为亚洲文化体系下，中日在儿童绘本的画面风格上，包括人物形象、插图色彩及故事情节方面天然存在着一些共通之处。出版社的编辑再进一步考虑到中国孩子所受的传统家庭教育和审美角度，对书中主人公的“一爷两孙”的人物形象和故事情节、称呼、对话等加以细微调整，使书的整体封面装帧设计及内容既展现了天文星象的科学性、神秘感，又贴近中国儿童所熟悉的“爷爷讲故事”的温馨叙述风格。天然的引入优势加上后天的优化加工，使该书进入中国本土绘本市场后，获得了孩子及家长的一致肯定，至今仍稳居少儿科普图书销售排名前列，累计重印 14 次，销量突破十万册。这个案例对于我国童书“走出去”的启发在于，在考虑进入某国市场前，要充分做好深入调查工作，在了解其本土儿童的阅读习惯后，选择较主题、风格较为适合的绘本进行输出，在此基础上进行优化加工，尽可能地提高本土化程度。

三、借助国际平台，推动童书走出去

（一）建立国际化版权意识，看准时机走出去

中国自 21 世纪以来，加入了世界贸易组织等多个重要的国际组织，开启了全球合作的新征程。据统计，目前中国参与的出版相关的国际组织有：世界知识产权组织（WIPO）、国际保护知识产权协会（AIPPI）、国际出版商协会（IPA）、国际书商联盟（IBF）、国际期刊联盟（FIPP）、国际儿童读物联盟（IBBY）、国际翻译工作者联合会（FIT）等。在这些组织中，中国签署了多个保护文化软实力的国际版权公约，参与国际版权合作和竞争。在时机方面，此处列举两个相关案例。

第一个，2019—2022 年，国内不少出版社出版与病毒相关的科普图书。中国少年儿童新闻出版总社也从 2022 年大年初二开始策划相关选题，2 月 13 日图画书《新型冠状病毒走啦》电子版在微信公众号正式发布。也是从这一天开始，中国少年儿童新闻出版总社国际合作部敏锐地感觉到这是一个机会，以最快的速度向世界各国合作伙伴推荐具有特色的相关题材病毒图画书。2 月 17 日，台湾出版社发来全球繁体中文版报价，振奋了整个团队的信心。2 月 19 日，马来西亚出版社报价简体中文版，首印 3000 册，于 3 月 4 日上

市后，又发来马来语和英语报价。就在版权不断输出的同时，推广《新型冠状病毒走啦》图画书版权的意义已经从单纯的版权贸易，上升到将中国的应对经验传递给世界各地有需要的人，尤其是对此有需要的孩子。出版社看准了当下整体的形势与需求，在特殊的环境下积极地促进了颇具意义的童书走出去。

第二个，从国际平台出发。2019 年国际局势发生重大变化之际，国际儿童读物联盟张明舟主席认为中国出版界有责任帮助其他国家的孩子们对抗巨变，考虑到在这样的国际形势下图书版权输出过程较慢，就决定干脆将版权捐出来一些，如果再快一点，干脆组织译者来翻译。2020 年 2 月 29 日，张明舟在互联网上发布了募请函，以国际儿童读物联盟主席的身份，向各成员单位发起倡议。随后受到全国各个出版社及作者、绘者的积极配合与支持，捐赠版权共计 50 余种。最后在团队的遴选下，选出了 11 种优质的中国原创童书加入在 4 月 2 日第 54 届国际儿童图书节上正式上线的“生命树童书网”中，并翻译成为十几种语言版本，为世界儿童提供免费阅读。这是一个非常典型的由平台倡导，各出版社看准时机借助力量推进童书以正能量、高维度的方式“走出去”的例子。作为出版人，我们不应只考虑版权贸易方面的“走出去”，更要考虑的是社会效益甚至是国际效益方面的“走出去”。

（二）借助国际出版平台，展现中国童书魅力

上文提到的国际儿童读物联盟（IBBY）的案例可以向我们展示在童书“走出去”中国际平台的力量。这样的组织和平台有一些是出版企业相对比较容易参与进去的，比如国际书展。

国际书展有德国法兰克福书展、英国伦敦国际书展、美国书展、意大利博洛尼亚国际儿童书展等，其中意大利博洛尼亚国际儿童书展是全球规模最

大、最具影响力的儿童书展。2018年中国作为主宾国，向世界展示了中国童书的发展成就与创作水平。蔡皋、熊亮、朱成梁等30名画家的150件作品参与展会，从整体层面上向世界展示了中国童书的特点与审美，为中国原创童书“走出去”提供了更为有力的“金字招牌”。

除了参加其他国家的国际书展，我们也有自己的主场。北京国际图书博览会、上海国际童书展就是我们“走出去”的主场阵地。首先是作为全球四大国际书展之一的北京国际图书博览会，在展示规模、展品质量、中文图书版权输出数量等各个方面持续提高，已经成为国际出版业关注的、具有国际影响力的国际版权贸易平台。2014年8月，安徽少年儿童出版社在北京国际图书博览会期间发起成立“丝路童书国际合作联盟”，借助展会平台打造“一带一路”童书出版朋友圈，到2018年已举办了五届论坛活动，与来自“一带一路”沿线20多个国家的合作伙伴互译图书500多种。除了安徽少儿出版社，其他少儿出版社也积极在北京国际图博会的平台上促进与海外出版社、书商的合作，在展会期间达成了数量可观的出版合作签订。

再说上海国际童书展，其是目前亚太地区专注于0~16岁儿童图书出版及儿童内容的专业展会，秉持“与世界和未来在一起”的主题，虽然才举办九届，但已经发展成为集儿童阅读推广平台、儿童文学原创推动平台、儿童文化产品交流和版权交易平台于一体的东方童书大展。可以说上海童书展在童书领域的专业程度更上一层。除了企鹅兰登等大型国际出版企业会来参加，其余各国专注于童书出版的机构也同样重视上海童书展。利用好我们自己的“走出去”主场，自信从容地将传统的、现代的，形式各异、颇具内涵的中国原创童书魅力传递给国际各方同行。

四、总结

在 2019—2022 年全球局势变化的大背景下，中国童书出版“走出去”的脚步不应停滞不前。我们有十余年引进来的成功经验，可以从中探索适合当下的对策；我们有完善的国际组织与平台可以借力推陈出新，向世界发声。从某些角度来看,新时代对于我国童书出版“走出去”来讲既是挑战也是机遇，中国童书应该从科普角度做好输出国的本土化调整，充分利用国际版权相关利好关系，抓住每一次国际书展的展示交流机会，在有准备的情况下推动我国先进的知识与经验走出国门，走向世界。

参考文献

[1] 佚名 . 2017 年全国新闻出版业基本情况 [J]. 新闻世界，2018（11）: 57.

[2] 海飞 . 童书大时代 [M]. 合肥：安徽少年儿童出版社，2016.

[3] 张明舟 . 走进国际儿童读物联盟 [M]. 合肥：安徽少年儿童出版社，2014.

众筹出版成功的影响因素探析

——以摩点网出版类众筹金额榜单为依据

王　婷*

摘要：在如今略显疲态的出版行业，以众筹出版这一出版方式达成众筹金额超百万元的出版项目，吸引了出版社、民营出版公司纷纷试水，让“众筹出版”再次活跃在出版行业。本文选择出版类众筹项目占有一定优势的摩点网众筹平台为主体，以摩点网出版类众筹金额榜单为依据，通过总体分析出版类众筹的环境，以出版物自身、项目发起主体两个角度分析众筹成功的出版物特点，总结在众筹出版时的注意事项，探讨众筹出版项目成功的影响因素，为选择众筹出版的出版方提供依据和参考。

关键词：众筹出版；摩点网；出版

“众筹”一词，翻译来自英文单词 crowdfunding。众，即大众；筹，即筹款，筹资，众筹指项目发起人在某一平台向他人筹集资金的一种形式。不同于捐款，当项目发起人无力承担启动该项目的资金，通过众筹平台成功启动该项目后，项目支持者会获得一定的回报。所以众筹出版即为以众筹的方式出版，在图书出版之前，首先通过互联网寻找目标读者，当获得一定的关注，筹集到足够出版的资金后，再将图书出版。

* 王婷，北京印刷学院出版学院 2020 级新闻与传播专业硕士。

目前，我国的众筹出版多在众筹平台上进行。前瞻产业研究院数据显示，我国的众筹平台数量在2016年达到顶峰，共有532家；截至2020年3月底，众筹平台数量仅剩64家。在这64家众筹平台中，从涉及领域来看，垂直细分类的众筹平台存活发展机会更大。比如小米有品众筹主要是智能科技，点筹网主要是农业相关，而摩点以其完整成熟的运营模式成为众筹出版项目的热门平台。

摩点成立于2014年，秉持“为创作者发声”的原则，通过众筹的手段，为发起人和用户提供合作共赢的平台。在平台运营初期，主要以游戏和动漫内容为主，发展至今，摩点的众筹项目已涉及游戏、动漫、出版、桌游、潮玩模型、影视、音乐、活动、设计、科技、食品、爱心通道、动物援助等15个细分类别。在众筹流行初期，出版类众筹项目并未占有很大的比重，在2015—2018年，项目数量每年新增均低于20项，在2019年出现数量激增的现象，一年内新增108项，2020年出版类众筹项目新增119项。从项目众筹成功率来看，出版类众筹项目的成功率达78.55%，仅次于食品类和音乐类。可见在摩点这一平台，出版类的众筹项目是占有一定优势的。

本文将以摩点平台出版类众筹项目实际金额榜单为依据，分析出版类众筹的环境、出版类众筹项目的特点，探讨该类项目的成功因素，总结众筹出版的注意事项。

一、出版类众筹的环境

传统的出版方式一般是作者投稿，由出版社编辑、印刷、发行。在整个过程中并没有读者的参与，读者的意见想法并不在图书出版的过程中发挥作用，甚至在该过程中并没有渠道传达读者的意见。而在众筹出版的过程中，项目支持者直接决定了该书能否出版，并有效地参与到图书出版的生产、制作、销售等环节中。在项目发起之后，项目发起人可以根据项目留言等形式征集读者意见，根据读者的有效意见对自己的项目细节进行更改。另外，众筹出版的出版物多为立体书、解谜书、手工书或者是针对某一大热 IP 推出的纪念图册，出版物的各个细节需要和读者进行交流互动、参考项目支持者的意见，并不适合传统的出版方式。

摩点平台运营初期以游戏动漫类为主，逐渐发展到影视、出版、桌游等领域，积累了大量黏性用户，这些拥有小众爱好的核心年轻用户付费意愿强烈，忠诚度高，有浏览使用 App 的习惯，愿意为自身的兴趣买单。一方面项目发起人可以在摩点平台相对准确地定位目标购买者，吸引更多有效注意力；另一方面摩点也可以凭借多样的项目吸引更多相同兴趣爱好的粉丝群体，增加平台用户数。平台和项目发起方各取所需双向互益，形成良性循环。易观千帆数据显示，摩点平台的月度活跃用户数在 15 万左右。2021 年 1 月，摩点官方数据显示，平台注册用户已超过 1000 万，其 ARPPU（ARPPU 即 Average Revenue Per Paying User，意为每付费用户平均收益。统计周期内，付费用户对产品产生的平均收入）已经达到 363 元，虽然摩点平台粉丝数量不占优势，但是平台用户更有黏性，更有付费意愿，有较高的价值潜力。

因此，出版方充分利用摩点平台的特点，抓住平台用户心理，以众筹的方式出版与用户兴趣点相契合的产品，是区别于传统出版的一个新兴形式。

二、成功众筹的出版物特点

（一）从出版物自身来看

IP 赋能自带话题度。众筹出版实际金额前十位的项目中，“哈利·波特”

“盗墓笔记”“陈情令”“故宫”“水浒传”“三体”均为强势IP。此类热度较高的IP项目，自身带有一定的流量和话题度，有其固定的受众。这些自带粉丝的项目，不必再用更多精力考虑如何营销增加热度，如何吸引更多购买者，IP自身就能将相同兴趣爱好和审美价值的粉丝聚集起来。拿出版类众筹金额首位的《哈利·波特立体书：霍格沃茨》举例，“哈利·波特”作为全球范围内的大热IP，系列图书销售收入达到77.43亿美元，在今年9月，网易和美国华纳联合打造的手游“哈利波特：魔法觉醒”公测首日的下载量达43万次，自身数量庞大以及拥有超强黏性的粉丝群体使得IP热度数年不减，并在不同领域内相互引流，吸引跨界合作，维持持久不断的话题和热度。《哈利·波特立体书：霍格沃茨》最终众筹金额高达931万，成为众筹金额Top1的出版类项目。

历史价值提升收藏性。在实际众筹金额前十的项目内，“《与邪共予起灵书》——《盗墓笔记》剧情影像纪念集特典”“陈情一曲终不散——《陈情令》原画影像纪念特典”“3米长的故宫立体书——献礼紫禁城600周年”“《魔法永存：〈哈利·波特〉20周年学院纪念版》”“法国自然博物馆重磅：800幅皇家珍藏400年历史遗产”等项目，在其项目名称中，提到的“纪念”“珍藏”“600周年”“400周年”等词均凸显出产品的历史感，提高了收藏的价值，为产品赋予了高于其本身的价值。在众筹项目名称中加上有历史收藏价值感的词语，为项目整体赋予了更高价值的收藏功能，抓住了买家的购买心理，在一定程度上加大了项目众筹的成功率。

形式多样增加新奇感。从众筹图书的形制上来看，不同于传统的纸质图书类型，出版公司和买家更倾向于立体书、解谜书等形式多样、具有一定趣味性的手工书。在2018年末，解谜游戏书《迷宫·如意琳琅图鉴》成为摩点平台的爆款项目，以上线37天最终获得2020余万元众筹金额的成绩打开了众筹出版的大门。该图集制作精美，同时配有多个解谜道具，买家需要配合道具、线索，结合线上App使用，新奇的使用方法带来独特的体验感。自此之后，各大出版机构看到了出版的另一种方向，众筹出版项目的数量开始快速上涨。故宫出版社发起的众筹出版项目“五米长卷重现大宋风华 :《清明上河图》立体书”，以更真实的形式展现出作品的风采；另一个项目《打开故宫》立体书包含了78个立体结构和10个建筑群，等比例还原了故宫的原貌。此类互动性、立体类的手工书更加吸引买家的购买兴趣。

（二）从项目发起主体来看

在众筹项目中，项目发起主体占比最多的为图书策划公司和出版社，而由个人发起的项目数量较少。2018年之前，众筹项目大多由个体发起，具有一定的分散性，很难产生大的影响力。一炮而红的《迷宫·如意琳琅图鉴》由故宫出版社发起，自此，出版社和民营图书策划公司看到了众筹出版的优势，开始尝试这一新途径。其中，国有出版社比如中信出版集团、重庆出版社、青岛出版社，民营图书公司如果麦文化、未读文化，均在摩点平台发起过超过4个众筹项目。相比较于个人，由正规出版社或者民营图书公司发起的项目，在选题上更有吸引力，同时质量更有保障，买家不再为个人的“梦想”买单，而更倾向于购买自己心仪的、质量有保障的产品，在产品质量、周边设计、项目进程更新等方面都有一定的要求，而出版社及民营图书公司能更大程度上满足买家的高要求。

详细的介绍和丰富的周边产品。在摩点平台，点开任意项目，都可以看到有关该项目的介绍。包括项目产品细节介绍、亮点介绍、团队介绍、众筹故事、众筹回报及众筹解锁等。其中产品细节介绍、众筹回报及众筹解锁是项目海报中占幅最多也是项目支持者着重关心的部分。以《哈利·波特立体书：霍格沃茨》举例，海报中对产品各部分细节做了生动详细的展示，通过动图等形式向支持者全方位地展示该书的细节，增加质感的同时增强空间感。设置多个众筹挡位和众筹回报，满足不同需求的支持者，同时刺激更多销量。众筹金额达到 10 万元项目即可启动，达到 20 万元、50 万元、100 万元、200 万元、450 万元、888 万元、1000 万元时，分别可解锁英文原版明信片、英文原版作者签名海报、同主题贴纸、书签、魔法地图等周边产品。不同的解锁挡位对应不同的周边赠品，支持者想要获得相应的周边，即需支持更多数量或者使用私域流量发动更多人支持，对众筹成功有一定的推动作用。

三、众筹出版的注意事项

在摩点平台发起出版项目时，应充分考虑以下事项。

（一）选题和策划

在发起项目前，应充分考虑该项目是否适合众筹方式。依前文所言，众筹平台的用户多为动漫、游戏等垂直细分领域群体，互动性强、有一定的收藏价值、热度较高的 IP 相关产品众筹成功的概率较大；缺少吸引力，没有能吸引平台用户注意力的亮点的项目若想众筹成功，将有一定的困难度。以摩点平台正在众筹的项目《中国通史》（融媒体版）为例，众筹金额仅筹到目标金额的 5%，支持人数仅 30 余人，众筹进度缓慢。在宣传海报中，项目发起人虽提到“听与视的感官享受，适合所有人阅读的国史经典”，强调该书的历史意义与价值，但在当当网上检索《中国通史》，有超过十个出版社出版过此书，且包含课堂版、彩图珍藏版、全册版等多个版本，覆盖不同的价格区间，买家在其他渠道也可购买此书。所以在摩点平台出版《中国通史》，缺乏题材上的竞争力，导致项目进程缓慢。

（二）众筹挡位和期限

众筹的各个挡位及整体期限同样对项目有影响。众筹挡位包含购买挡位和解锁挡位。购买挡位一般是2~3个，分为基础挡、珍藏挡或豪华挡等。基础挡位是必不可少的，包含最基本的众筹产品，而珍藏挡及其以上的挡位，随着包含的周边数量的增加价格也随之上涨，挡位越高周边数量越多，价格越高。项目支持者会根据挡位内产品的吸引力、实用性、性价比等因素考虑购买哪个挡位。对于项目发起人来说，考虑合适、有吸引力的众筹挡位也是必要的工作：挡位怎样设置更有利于项目众筹成功，如何吸引购买者支持更有价值的挡位？设置合理的解锁挡位同样会增加项目的成功率。以2021年9月8日在摩点上线的“经典永恒传奇再现——哈利波特魔法宝箱”项目为例，自项目9月8日上线到当年11月16日，项目已逐步成功解锁8个挡位，在其宣传海报中，显示若支持人数持续增加，解锁的周边赠品将会更加丰富；支持人数越多，支持者收获的权益也越大。值得一提的是，在设置众多的解锁挡位之前，首先要考虑的是众筹的启动目标资金，一般以图书成本、起印数量等设置，以能够出版的最低启动资金为宜，若设置过低，起不到众筹出版的作用，若设置过高，会增加众筹失败的风险。

一般来说，众筹的期限不宜超过三个月。若时间过长，甚至长达一年，随着时间增长，由于不能保证支持者对项目兴趣性的持久度，会增大项目的风险性；若时间过短，项目缺少足够的浏览量和曝光度，同样不利于众筹的成功。

（三）营销宣传和周边设计

增加项目浏览量和曝光度。项目曝光度越大，众筹成功的可能性越大。

除摩点之外，可以选择合适的曝光手段在多个平台开展宣传，增加项目的浏览量。在微博、抖音、小红书、豆瓣等平台，定位目标用户，充分利用各平台的使用特点，将项目扩散出去。项目上线的前几天是众筹的关键期，决定了后期的走向，支持人数、项目解锁进度等数据都可以进一步吸引浏览者参与。所以在项目初期，有效的宣传是不可或缺的。

设计制作各类周边产品。种类各异的周边也是项目支持者关注的环节之一，质量、设计、收藏价值、与原项目的关联度等都是其考虑是否购买的因素。除去质量因素，为增加周边产品的吸引力，出版社以及民营图书公司一般选择原创设计，并保证在摩点平台“独家”发售，众筹结束后周边产品将不再生产，以此提高周边文创的价值。值得一提的是，并不是所有类型的周边都能得到购买者的支持。以摩点平台 2021 年 10 月 26 日上线的项目“图像版《铸剑》——致敬大先生给新青年的礼盒”为例，截至 11 月 16 日，项目仅有 65 人支持，项目进度仅达 20.91%。在项目评论中，礼盒中的袜子套装引发争议，部分人认为袜子的想法创新，设计新颖；部分人认为袜子与原书的关联度不大，把袜子用作书的周边是对原作者的不尊重。众筹时间已过大半，影响该项目能否成功并不能完全归因于周边产品，但周边产品是否恰当会对项目进度产生一定影响。

（四）售后担保和项目进程

提供有效的售后保证。在摩点发起众筹时，出版社须提供营业执照和图书出版许可证，即项目发起人具备出版发行资格，个人无法发起出版众筹，在一定程度上保障了出版物的质量和售后。买家倾向于选择出版社和民营图书公司发起的项目，正规出版机构的产品售后更有保证是原因之一。发起者在发布项目时，一般会对发货时间、产品质量、周边质量、快递包装等作出承诺，有完整的售后服务和担保。同时，购买者的好评和满意度有利于出版机构积累良好的口碑，有利于其众筹工作的持续发展，形成良性循环。

进行及时的项目更新。在项目发起后，发起人有责任进行项目进度更新，向支持者展示近阶段内的成果。同时，摩点按照一定的评分机制对项目打分，并以此作为项目的预收款的结算指标。评分标准包括项目更新发布频率、评论回复率、按时发货的订单占比、支持者好评率四项。以《哈利·波特立体书：霍格沃茨》为例，项目从发起到结束共更新 37 次，针对解锁挡位、产品制作等问题进行详细公布和解答，便于支持者了解进度。

四、总结

在出版行业面临着众多发展阻力的背景下，众筹出版作为一种独特的出版方式，向出版方和大众展示出其优势和生命力。利用合适的平台，充分了解用户特点和需求，选择具有一定优势的选题，完善营销、设计等各种细节，众筹出版不失为出版方考虑的发展方向。

参考文献

[1] 亢姿爽．日渐成熟的新玩法 [J]. 出版人，2021（4）：23–24，26，28，30.

[2] 周伯军．众筹出版的实践及其思考 [J]. 编辑学刊，2021（5）：64–69.

[3] 刘英杰，刘静薇．探析众筹出版 +“新文创”模式——以摩点网为例 [J]. 出版科学，2020（6）：52–59.

[4] 段婷婷．摩点网众筹出版的发展现状与提升策略 [J]. 出版广角，2021（9）：61–63.

跨文化语境下网络文学海外出版的创新

——以 Webnovel 为例

冯文清 *

摘要：我国网络文学在海外出版已经进入生态出海阶段，各方面均趋于平稳，平台、用户数量稳步上升，Webnovel 作为其中具有代表性的网文海外出版平台，在运营各方面均具有值得借鉴的创新之处，本文立足跨文化语境，对 Webnovel 如何降低文化折扣、向外输出优秀中国文化的措施进行探讨。

关键词：跨文化语境；网络文学；出版；文化输出

一、引言

随着全球化的加深，中国也在不断探索自己在世界的位置，并希望以全新的形象面向世界，网络文学依托互联网，将中国故事传出海外，向世界传递中国的声音，对中国文化向海外传播起着重要的作用。向世界讲好中国故事，提升世界对中国的文化认同感，是我国提升文化软实力的必由之路。以习近平同志为核心的党中央高度重视文化强国建设，“建设文化强国”是我国文化的长期战略。党的十八届三中全会提出要“紧紧围绕建设社会主义核心

* 冯文清，北京印刷学院出版学院 2020 级出版专业硕士。

价值体系、社会主义文化强国深化文化体制改革”。之后，党的十九大报告强调“要坚持中国特色社会主义文化发展道路，激发全民族文化创新创造活力，建设社会主义文化强国”。党的十九届五中全会明确提出到2035年建成文化强国，“十四五”规划和2035年远景目标纲要提出“促进满足人民文化需求和增强人民精神力量相统一，推进社会主义文化强国建设”。更有“一带一路”倡议为网络文学产业出海拓宽道路，我国网络文学产业乘着东风，出海之路平稳顺利。根据目前有的最新的2021年对中国网络文学出海的调查报告数据显示，2019年年底我国的网络文学出海平台数量陡增，呈现倍数增长，行业热度大幅提升。截至2020年年底，我国网络文学已经跨越版权出海、文本出海两个阶段，进入生态出海阶段，输出海外的精品网络小说已超过一万部，多个网络文学IP走红海外，比如《天盛长歌》《庆余年》等，均在海外广受好评。

目前，对我国网络文学在海外出版传播的研究已经放缓，且主要集中在平台运营模式、版权保护、传播效果等方面，本文立足跨文化语境，探讨网络文学在海外出版遇到的问题，及Webnovel给各网络文学出海平台的运营带来启示。

二、跨文化语境下我国文化在海外传播遇阻

（一）文化认同欠缺，输出与接受存在矛盾

随着网络科技的更新换代，媒介话语权的加大，世界各地人们的交流对话不再囿于地域、时间和语言文化，在这样的环境下，不同地域、文化环境中的交流在网络中产生直接碰撞，必然会诞生新的矛盾。对网络文学的偏

好成为这种矛盾的直接呈现，特定背景的文学题材是否流行依托读者的自由选择，而不同文化背景的读者更倾向于选择与自己文化背景接近的题材进行阅读。例如，在英译作品《何为贤妻》的评论区，一位读者给这部作品打了两颗星的评分，并在评论中说道："The beginning didn't work well for me，I stopped pretty quickly. I don't like how this is a harem. I understand that isn't like the 21st century，but I can never wrap my head around the concept."（开头并不吸引我，我很快就停止了阅读。我不喜欢这是个后宫。我理解这不像21世纪，但我始终无法接受这个概念。）这位读者对中国传统封建环境无法接受，也就无法给予这类作品肯定的态度。

（二）翻译难度大，文化如何取舍是难点

2021年对中国网络文学出海的调查报告数据显示，海外读者在对自己心仪的小说进行阅读抉择时，最看重的是作品剧情情节、翻译质量、题材、更新速度这几个条件，其中超一半的读者都把作品翻译质量的优劣纳入挑选网文的条件中，对中文翻译网文质量的满意度达到88.1%，整体呈满意状态，但仍有部分读者对翻译质量有更高的期待。随着翻译技术的提升和翻译人才规模的扩大，新技术和人力结合，已经能解决大部分的翻译问题，但目前也面临着翻译中呈现的文化输出问题。在对中文作品进行翻译时，文化输出者和文化接受者的对立是翻译的一大阻碍，若一味考虑受众，将翻译重心向文化接受者倾斜，势必会流失作品中的本土文化，有悖于文化输出的初衷，而若要更多保留语言中的本国文化，则作品会更难被异文化者所接受，理解也会更加困难。因此，对文化的取舍是现阶段翻译的难点。

三、Webnovel 给网络文学出海平台运营带来的启示

（一）内容选择投其所好

内容供应商应在选品的环节上，选择能让读者产生共情的作品，兼顾不同文化，以异文化外壳包裹中国精神内核向外输出，2021 年对中国网络文学出海的调查报告数据显示，海外读者对中国网络文学题材的偏好集中在言情和幻想两大类，其中亚洲地区偏爱言情类小说，欧美地区偏爱幻想类小说。因此，考虑到海外读者的偏好，Webnovel 在小说海外出版题材的选择上，偏重玄幻、仙侠、科幻、魔幻等题材的小说，如《从前有座灵剑山》《修真四万年》等既符合海外读者喜好，又具有中国文化内涵的作品。

（二）明确我国文化主体性

网络文学在海外出版应不断加强翻译质量，在考虑读者的接受度的同时，尽量保留我国语言中的文化内涵，阅读平台与翻译平台加深合作，人工与科技双管齐下，为翻译质量保驾护航；加强技术革新，降低翻译成本，加大翻译者培养力度；利用阅读的强社交属性，以“粉圈”对话促进文化交流，以跨文化翻译带动文化向外传播。Webnovel 在增加翻译质量上做了多种措施，首先，Webnovel 与国内外的翻译网站和团队进行合作，保障翻译速度和质量；其次，将科技与人工结合，AI 进行翻译后，由人工进行二次审核，弥补 AI 的翻译错漏，大大增加了翻译的速度和精度；最后，译者根据论坛评论，可以及时察觉读者的文化盲点并及时对译文进行完善，也能通过论坛的强社交属性向海外读者普及理解译文需要的文化背景知识，打造具有正向反馈机制的社交生态群，降低翻译过程中的文化折扣，向外输出更原汁原味的中国文化。

（三）IP 赋能，资本助力，创新内容与形式为网络文学海外传播拓宽道路

具有强烈视觉效果的影视作品最易深入人心，影视作品走出国门能更大程度助力中国文化走出去，也能对网络文学在海外出版起到反向推动作用。2021 年对中国网络文学出海的调查报告数据显示，海外读者最偏好的中国网络小说的改编形式是电影和电视剧，喜爱度分别为 59% 和 55.5%，对于这两种形式的付费意愿也最高，付费率分别为 32.7% 和 29.1%。近些年，中国网文 IP 越来越受海外读者的关注，比如电视剧《天盛长歌》《扶摇》等，均是蕴含丰富传统文化的优秀作品。Webnovel 近年来一直致力于打造国际知名的网络小说 IP 作品，将全版权运营贯穿网络小说在海外的出版传播。2017 年，Webnovel 宣布与 Gravity Tales 达成合作，在优质小说产出和原创作者孵化等项目上持续开发，通过对小说品类的把控和中国网文生态对海外原创作者的影响，寻求海外对我国的文化认同感。最大限度保留本土文化内涵，以期在小说和影视剧中展现更全面而具体的中国文化，拓宽我国网络文学海外传播道路。

四、结语

中国网络文学在海外的出版仍有较大发展空间，讲好中国故事、传递中国文化、加强世界对中国的文化认同需要各个平台及其用户共同努力，拓宽优质内容出海渠道，完善网络文学出海产业链，明确我国文化的主体性，以文学输出带动文化输出，最大限度保留我国网络文学中的文化内涵，积极开发创新内容与形式，减少与世界的文化隔阂，顺应全球化趋势，实现我国文化的向外输出，以及与海外文化的交流与融合。

参考文献

[1] 周玮，史竞男 . 瞭望 · 治国理政纪事 | 迈进新时代，激发创新活力建设文化强国 [EB/OL].（2022–03–28）[2022–07–14]. https：//baijiahao.baidu.com/s?id=1728530482615610786&wfr=spider&for=pc.

[2] 艾瑞咨询 . 2021 年中国网络文学出海报告 [EB/OL].（2021–09–03）[2022–07–15]. https：// www.iresearch.com.cn/Detai/report?id=3840&is free=0.

[3] 侯瞳瞳，单世联，鄢楚茜 . 中国网络文学跨文化传播的悖论、偏差与疏离 [J]. 南昌大学学报（人文社会科学版），2021，52（6）：110–119.

[4] 王顿 . 文化折扣视角下我国网络文学出海平台策略探析——以起点国际为例 [J]. 新闻知识，2020（1）：63–67.

[5] 许腾龙，华燕 . 从跨文化视角看中国网络文学走红海外 [J]. 上海理工大学学报（社会科学版），2020，42（3）：297–300.

融媒体时代少儿电视节目发展路径探析

马婷婷　兰　倩*

摘要：融媒体时代，少儿电视节目的创作主体更加多元化、节目内容越来越多样化，但总体来看，现有节目尚不能满足不断增加的少儿电视节目的需求。同时，少儿电视节目存在着内容过度成人化、采编播人才缺乏、传播渠道过于狭窄等问题。为此，本文提出要严管少儿节目质量、培育优秀采编播人才，拓展节目传播渠道等发展策略，以期在融媒体时代，少儿电视节目能有长足的发展和提高。

关键词：融媒体时代；少儿电视节目；发展

融媒体主要是将新媒体和传统媒体二者结合起来，使广播、电视、网络媒体的传播力整合在一起，从而达到“1+1+1>3”的效果，使其功能发挥到最大化。融媒体是基于互联网和移动网络发展起来的，能够突破时间和空间的限制，将海量的信息传递给更多的人。然而，互联网信息环境纷繁复杂，并非所有信息都适合心智尚未成熟的少年儿童。在电视媒体与网络媒体融合之际，如要借助网络资源“寓教于乐”，还需先对内容仔细筛选。在电视媒体在发展的几十年中，形成了一套完整的审核流程，能够筛选出不利于孩子们身心健康发展的信息。融媒体能够与电视媒体结合起来，让人们了解错过的电视内容，提取自己需要的信息。在电视媒体与网络媒体融合之际，我们的少儿电视节目要做好适应融媒体时代的准备，让优秀的电视节目也能成为网络少儿节目借鉴的榜样。

---

* 马婷婷，北京印刷学院出版学院 2020 级新闻传播学硕士；兰倩，北京印刷学院出版学院 2020 级新闻传播学硕士。

一、融媒体时代少儿电视节目的发展现状

2021 年第七次全国人口普查公布的数据显示，我国 0~14 岁人口为 25 338 万人，占 17.95%，这表明少儿节目有一个较大的受众群体。但少儿电视节目数量仅占我国电视节目总体数量的 3% 左右，这与我国少儿电视节目受众人口比例极为不符。比如每年的贺岁档影片或节目，大多是以服务成年人为主，为少年儿童量身打造的影片很少。2020 年国家统计局发布的《中国儿童发展纲要（2011—2020 年）》统计监测报告显示，2019 年全国少儿广播节目、少儿电视节目、电视动画节目播出时间分别为 26.6 万、57.4 万和 39.9 万小时，分别比上年增长 0.2%、0.2% 和 6.7%（图 1）。这些数据也表明融媒体时代少儿电视节目的需求在不断增加。

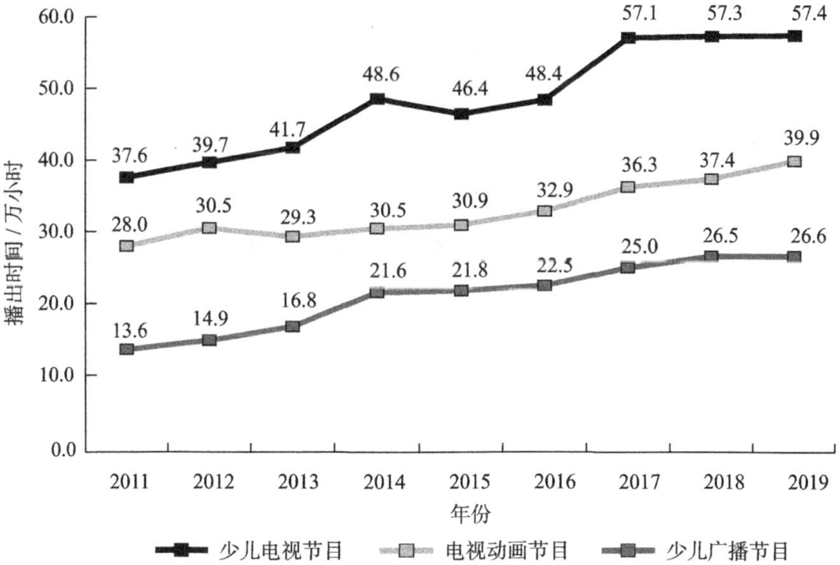

图 1　2011—2019 年少儿广播节目、少儿电视节目、电视动画播出时长

数据来源：2019 年《中国儿童发展纲要（2011—2020 年）》统计监测报告。

据统计，2022 年少儿类型频道共计 37 个，其中中央级频道 1 个，为中央电视台少儿频道，占比 3%；省级上星频道 5 个，分别为湖南金鹰卡通频道、北京卡酷少儿频道、广东嘉佳卡通频道、上海炫动卡通频道以及江苏优漫卡通卫视，占比 13%；省级非上星频道数量最多，达到 18 个，占比 49%；市级频道 13 个，占比 35%（图 2）。少儿频道数量逐渐增多，但某些卫视少儿节目内容仍需提高。

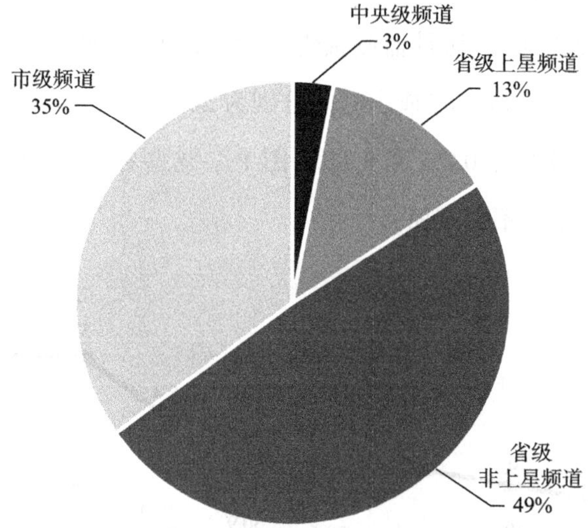

图 2　2022 年中国各级少儿频道数量分布情况

数据来源：根据全国少儿卫视频道公开信息整理。

从 2019 年 1—11 月少儿频道人均收视时长比较来看，少儿电视节目发展呈两极分化状态。中央少儿频道、湖南金鹰卡通频道、北京卡酷少儿频道、广东嘉佳卡通频道等少儿上星频道是专业少儿类频道的收视翘楚，少儿上星频道日均每人收看时长累计超过 1730 分钟（图 3），为少儿专业型频道贡献了 85.3% 的收视量。上星少儿频道节目内容丰富，定位精准，创新性强，收获了大批观众。相比之下，非上星少儿频道收视效果不佳，节目内容质量有待提高。伴随着“三孩时代”的到来，少儿收视人口会不断增加。融媒体时代，少儿内容市场具有极大的发展空间，这就要求各个少儿频道不断强化融媒体思维，打破两个极端，推动少儿电视节目内容创新发展。

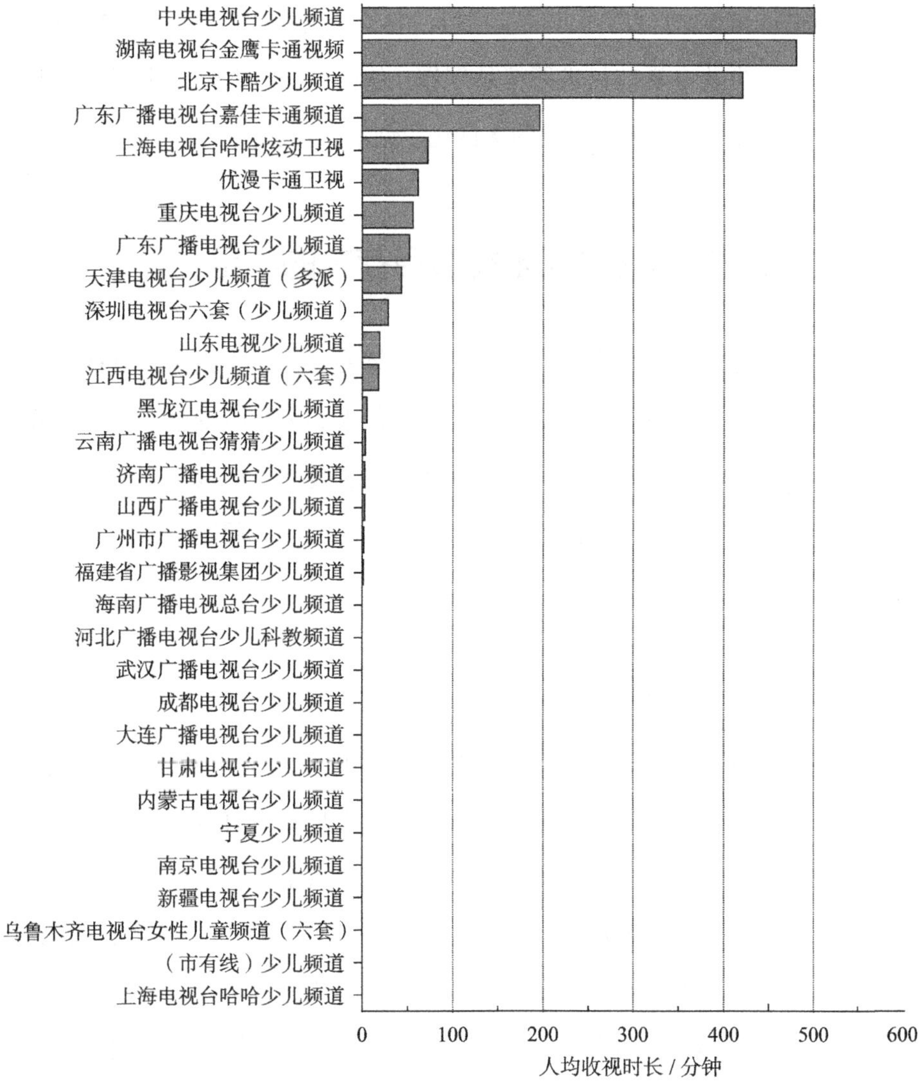

图 3　2019 年 1 月—11 月少儿频道人均收视时长比较

数据来源：CSM 媒介研究。

国家十分重视少儿电视节目创作。国家广播电视总局从 2005 年起就设立了“全国少儿节目精品及国产动画发展专项资金项目”。2017 年，国家广电总局又专门设立“少儿节目精品发展专项资金扶持项目”，每年扶持 50 个优秀少儿广播栏目和 50 个优秀少儿电视栏目，并给予优秀栏目 5 万元~20 万元扶持资金，鼓励少儿电视节目进行精品创作，扶持全国少儿广播电视节目制作播出，有力推动了少儿电视节目的优良化、创新化发展。

二、融媒体时代少儿电视节目存在的不足

加拿大传媒学者麦克卢汉在其著作《人体的延伸》中指出，电视等传播媒体不仅仅是娱乐工具，它还是一种改造现代人心灵和改变整个生活环境的新力量。因此，优秀的电视节目应实现知识性和趣味性的统一。少儿电视节目是孩子们生活中不可缺少的伙伴，但目前存在的一些问题阻碍了少儿节目的发展。

（一）内容过度成人化

融媒体时代的到来，也使得少儿电视节目面临着前所未有的激烈竞争。从各地、各电视台播出的少儿电视节目中可以发现，本身应当服务于少年儿童的电视节目，为了吸引更多受众，节目中出现大量不符合少年儿童年龄段的东西，如网络霸凌、成人广告，导致少儿电视节目内容陷入成人化的泥沼，走上成人娱乐、成人满足的路子，也使得儿童与成人的边界日渐模糊。早在 1982 年，美国媒体文化研究者尼尔·波兹曼就在《童年的消逝》一书中提出：“放眼望去，人们不难发现，成人和儿童在行为举止、语言习惯、处世态度和需求欲望上，甚至身体的外表上，越来越难以分辨了。”而少儿节目的主要传

播对象是少年儿童，成人化的少儿电视内容，会让儿童失去他们应有的天真和童趣。

在时下的网络氛围中，成人会以他们的需求来确定少儿电视节目的内容，为了达到节目效果，如在节目内容宣传中“炒 CP”，激发少年儿童的恋爱意识，这样的天真早已不是儿童天性的自然表现，而是在电视操练下儿童需要掌握的情绪，这严重影响了少年儿童身心发展的规律，阻碍了少年儿童的身心健康发展。某些节目并没有将少儿电视节目的公益性放在首位，只为追求市场利益的最大化。节目里的儿童反倒沦为道具，背离了节目宗旨。如某综艺节目，在节目中，孩子们经过演技的训练以后，去模仿一些经典影视片段。但节目并没有注重培养孩子们的思维能力，反而一味地追求节目效果，让孩子竭力去模仿表演，表演之后再由成人进行点评。这样的节目设置，教化色彩浓郁，成人本位思想严重，使孩子们被成年人的审美凝视所操控。这种“教育第一”的思维，不利于儿童发挥主观能动性，不利于培养儿童的创新意识。

（二）采编播人才储备不足

融媒体时代，一些少儿卫视虽然进行了改革，但由于少儿电视节目的人员储备不足，改革效果并不明显。对于广泛深入的改革创新，采编人员的积极性不高。一些工作人员对待孩子的耐心不足，对孩子本性的了解不够深入，对新兴技术的掌握不熟练，会导致少儿节目目标受众的流失。长远来看，少儿电视节目如果不注入新鲜血液，就难以保持长久的生命力。从当前的少儿电视节目来看，很多节目出现重复播出现象，缺乏创新意识。在竞争激烈的市场下，一些卫视为了更快推出新节目，会抄袭同类别节目，一味跟风，导致少儿电视节目的制作中应该增强少儿电视节目文艺和文化素养，提升从业人员的专业素养，将少儿电视节目内容的独特性，文化性的优势凸显出来，满足儿童的实际需求。

如今少儿类节目主持人层出不穷，但优秀的少儿节目主持人才稀缺。我们熟知的月亮姐姐、小鹿姐姐、芝麻哥哥，他们都以寓教于乐的方式将快乐与知识传递给少年儿童。少儿电视节目主持人在少儿节目中发挥着重要的作用，但很多少儿节目主持人未把儿童当作真正的孩童看待，依旧用成年人的思维方式与其沟通。部分少儿电视节目主持人对自己肩负的责任并不清晰，认为少儿电视节目的受众是儿童，文化程度低，因此，不需要提升自己的文化素养。但事实并非如此，在当前的媒介环境中，儿童无时无刻不在接触信息，他们对事物都有自己的认知。有时主持人对于儿童提出的疑问，无法给予良好的回应，这就要求少儿电视节目主持人不断提升文化素养，肩负起文化传播的使命。

（三）传播渠道狭窄

随着媒介环境的变化，互联网成为青少年生活学习的重要空间，使儿童拥有的童年更加趋于数字化。根据《2020年全国未成年人互联网使用情况研究报告》，未成年人的互联网普及率达到94.9%，未成年网民中，拥有属于自己上网设备的比例达到82.9%。由于儿童手中拥有各种移动设备，他们几乎很少按时坐在电视机前收看节目。传统电视节目线性的传播特点，使节目在传播过程中稍纵即逝，儿童只能按部就班地收看节目，加之儿童活泼爱动的天性，传统少儿卫视节目如果不能激起儿童的好奇心，吸引孩子的注意力，便很难留住受众。

新兴媒介的出现，影响着儿童的行为习惯。当他们打开腾讯视频、爱奇艺、优酷等网络视频播放软件时，可以快速找到自己感兴趣的节目，无须较长等待，并可以重复观看自己喜欢的内容。儿童可以在视频中进行点赞，留言，这种互动形式，满足了孩子的倾诉需求，调动了儿童使用的积极性。现在很多年轻家长工作繁忙，没有时间陪伴孩子观看少儿电视节目，而新媒体环境中产生的少儿电子出版物就扮演了陪伴者的角色。如今的孩子和家长都倾向于使用网络媒介，这给少儿电视节目的传播也造成了一定程度的困难。少儿电子产品将儿童的碎片化空闲时间进行打包，这也让原有的少儿电视节目受众不断流失。如果少儿电视节目不积极拓展传播渠道，它的目标受众会越来越少，收视率越来越低，影响力也会越来越弱。

三、融媒体时代少儿电视节目的发展策略

少儿电视节目是我们培养青少年树立正确意识，启迪智慧的一把钥匙。融媒体时代，要想发挥好这把钥匙的作用，少儿电视节目可以从内容的制作，人才的培养，媒体的传播方式入手，稳住落实促进少儿电视节目的发展。

（一）严格管制节目内容

电视媒体肩负着“引领成长，塑造未来”的光荣使命，由于少年儿童是一个特殊群体，我们在节目内容中更应该注重其内容的严格管制，坚持严格管制是优化少儿类电视节目发展的手段。各级行政机关可加强对少儿电视节目的人为监管力度，严格审查儿童电视节目内容，可利用新媒体技术对少儿节目内容进行“过滤”，同时号召社会团体对少儿电视内容进行监督。各个层级的电视制作部门应严格依照《未成年人节目管理规定》《未成年人保护法》来进行少儿电视节目的内容制作，保证儿童的身心健康和谐发展。

制作内容前，少儿节目应研究少儿实际需求与认知情况；制作过程中，

可征求育儿专家和受众的建议来完善内容；制作完成后，在审核部门允许播放的情况下，可对目标受众进行试播，根据反馈的意见及时修改相关内容，提高节目内容质量。少儿类电视节目应取消少儿电视节目中成人的话语霸权，遵循少儿身心发育规律，坚持爱护少儿、帮助少儿的公益宗旨，坚决抵制如爱情小品、成人模仿秀等过度娱乐化、成人化、商业化的内容，对于那些不利于儿童健康成长的元素，应及时剔除，避免成人化的不良倾向，使少儿电视节目真正贴近实际，服务儿童，为祖国的花朵筑起一面坚实的保护墙，促进孩子们健康快乐地成长。

（二）加强人才队伍建设

少儿电视节目从业人员流动性大，真正能做好少儿电视节目的人员不多。在融媒体背景下，面对稀缺的少儿电视节目人才，要想培育优秀人才队伍，各卫视部门应制订详细的从业人员培训计划，积极推进人员培训工作，建立并完善人才培养机制。同时，利用现有的媒体资源，建立少儿电视节目从业人员的长效机制。优化人员结构配置，利用全媒体人才资源，建立有效的选人用人机制，为少儿电视节目从业人员提供多维价值目标、多元发展空间。

一方面，少儿电视节目应严格依据《广播电视从业人员职业道德自律公约》，规范从业人员行为，对于在节目中对少年儿童产生负面影响的人员，及时处理，建设高素质的少儿电视节目人才队伍，为少年儿童创造一个绿色健康的成长环境。另一方面，少儿电视节目从业人员自身应注重其素养的提升，注重弘扬优秀传统文化，把握正确的时代导向。例如山东卫视推出的一档国学益智竞赛节目《国学小名士》，以“国学”为题，不局限于古诗词、“诗书礼乐骑射”等六艺题目，来激发青少年对传统文化的热情，提高青少年对国学的认知水平。少儿电视节目应承载深厚的文化底蕴，培育和践行社会主义核心价值观，让少年儿童以自身实践感知优秀传统文化的精粹，把优秀传统文化一代代传承下去。总之，少儿电视节目应强化精品意识，在节目采、编、播的过程中去寻找正确的切口，加强儿童对节目的参与性，突出节目寓教于乐的特色，以轻松活泼的形式和积极向上的内容，为少年儿童营造出一个愉悦身心的成长空间。

（三）构建多维传播渠道

融媒体时代，通过网络观看少儿节目的观众越来越多。少儿卫视可以借助网络平台，将制作的儿童节目放在互联网上播出，实现节目的回放与增值。少儿频道也可以将积累的优秀作品资源进行重新编排，借此进行版权的开发销售，开发衍生产品，打造节目文化 IP，拓宽传播渠道，打造少儿电视节目综合产业链。同时可以以区域为中心，融合各少儿频道的优势，以华北地区为例，将北京少儿、天津少儿、河北少儿、山西少儿、内蒙古少儿的内容、渠道、资源、品牌融合起来，建立少儿电视节目的规模化运营，实现少儿电视节目的可持续化发展。

如今，少儿电视节目的受众逐渐从传统媒体向新媒体迁移。在全媒体融合的趋势下，传统少儿电视台可以成立自己的技术部，研发属于自己的客户端，制作频道网页，开设线上和线下活动，联动受众。利用社交平台组织，增加与目标受众的互动，扩大节目传播的效果。比如中央电视台就开设了“央视少儿”官方微信公众号，发布儿童节目的内容以及科普育儿知识，并且给每个节目都设有对应的二维码账号，使受众更容易了解节目相关信息，增强了节目宣传效果。新媒体因其市场机制而瞬息万变，少儿电视节目需把握新媒体变化规律，实现多种媒体资源的互动融合和优势互补，努力创造传播热点，实现少儿电视节目的多渠道、立体化传播。

四、结语

媒介融合是互联网时代媒体领域的重要举措，对于电视媒体来说既是挑战也是机遇。融媒体时代，传统媒体应不断顺应时代发展潮流，坚持融合传播理念，挖掘自身所在优势，运用全媒体思维创新开发少儿电视节目，积极制作出更多品质优良的少儿电视节目，丰富少年儿童的视野，促进孩子们快乐成长，推动我国少儿电视节目的发展。在 5G 技术的推动下，融合传播会进入另一个高峰，少儿电视节目也会迎来一个新的发展空间。

参考文献

[1] 李浩遵 . 新媒体时代我国少儿电视节目的发展 [J]. 西部广播电视，2019（20）：117–118.

[2] 刘丽丹，刘福利 . 媒介融合下少儿电视频道的发展 [J]. 当代电视，2019（11）：93–97.

[3] 娄嘉伦 . 融媒体时代下少儿节目的发展与创新研究 [J]. 今传媒，2021（8）：37–39.

[4] 李冬红 . 新媒体时代电视少儿节目的发展策略 [J]. 传媒论坛，2020（24）：57–58.

[5] 孙华健 . 融媒体时代下少儿电视节目的现状及探究 [J]. 戏剧之家，2022（6）：166–167.

回应时代需求，回归出版本质

——关于我国本科数字出版专业人才培养的思考*

徐　然　包韫慧**

摘要：近年来，数字经济飞速发展，数字内容产业作为数字经济重要的一部分在诸多政策支持和新技术支撑之下迎来了全新的发展时期，对人才能力也提出了更高的要求。本文聚焦当前数字出版本科层次的人才培养，通过宏观的时代背景指出数字出版人才培养的重要性，明确了数字出版专业的定位和人才培养目标，从我国本科数字出版专业核心课程建设的基本情况入手，分析了目前我国本科数字出版专业人才培养的特点和难点，并给出了相应的建议。

关键词：数字出版；数字出版专业；人才培养

一、数字时代对数字出版人才的强烈呼唤

（一）政策环境

2021年3月，《中华人民共和国国民经济和社会发展第十四个五年规划和

---

*　北京印刷学院校级改革项目"数字出版专业数字版权类课程教学改革研究"。

**　徐然，北京印刷学院出版学院2020级出版专业硕士；包韫慧，北京印刷学院出版学院教师。

2035 年远景目标纲要》发布，明确指出“加快数字化发展，建设数字中国”；进一步提出把“全媒体传播和数字文化”列入“社会主义文化繁荣发展工程”。新时代国家在数字化发展、社会主义先进文化建设及对出版融合的深入推进等方面的布局为数字出版产业描绘出了更加清晰的发展蓝图，也预示着将数字技术和社会主义先进文化结合起来的数字出版将大有可为。

（二）经济环境

2018 年，国家统计局公布的《战略性新兴产业分类（2018）》新增了“数字文化创意内容制作服务”“数字创意与融合服务”等 9 个数字内容相关条目。这充分表明数字内容产业已经成为支撑我国经济发展举足轻重的一部分。《2021 年中国数字阅读报告》显示，截至 2021 年，我国数字阅读行业整体收入规模达 415.7 亿元，整体增长 18.23%；用户规模达到 5.06 亿人，同比增长 2.49%，出海作品总量达四十余万种，大众阅读、专业阅读和有声阅读成为产业发展的主导力量。数字阅读成为居民获取信息、知识的重要渠道，大众的数字阅读习惯已经逐渐养成。

（三）科技创新环境

2035 年中国将进入创新型国家前列，党和国家对于科技创新、数字化改革和科技人才等工作都给予高度关注，人工智能、量子信息、集成电路等信息科技将迎来巨大发展。5G 和 AI、AR、VR 等技术的发展使数字出版在内容供给方面开拓了更多新模式，云端图书馆、“建筑可阅读”等新的数字阅读文化消费场景不断涌现。

行业的飞速发展往往伴随着大量的人才缺口，从内容的发现、生产、运营和传播到受众的阅读习惯、需求和消费场景……这些与数字出版有关的每一个要素都在这个时代发生着深刻的变化。传统的出版人才储备已经不能适应时代需求，专业人才的培养成为应对这场激变的重中之重，积极推进数字出版人才培养顺应了产业升级的必然要求也回应了数字时代的强烈呼唤。

二、数字出版专业的定位与人才培养目标

原新闻出版总署颁发的《关于加快我国数字出版产业发展的若干意见》中对数字出版的定义是“指利用数字技术进行内容编辑加工，并通过网络传播数字内容产品的一种新型出版方式”。从这个定义来看，数字出版是在内容的加工和传播这一出版本质特征的基础上，将技术贯穿于整个出版流程新型出版方式。但在科技飞速发展的今天，数字技术带来的不仅仅是生产流程、产品形态和传播渠道上的变化，随之而来的是整个媒介环境、出版理念、工作模式、产业链条甚至制度层面上的变革。因此数字出版专业应在当下全新的内容生产和传播环境中来确定自身的定位。

数字出版专业应始终把握它的出版特性，内容永远是出版的核心。著名编辑家贺圣遂认为：“出版的本质属性是文化，所有的出版活动都要以文化本位为最终指向。”出版活动的最终目的是满足人们的精神文化需求、丰富人民的精神文化生活。技术带来的形式和方式的创新都是服务于内容的。

因此数字出版专业定位应该是一个面向数字内容产业，特别是新兴出版业的跨学科交叉专业。它以数字技术为支撑，与以内容为根基的出版学科紧密相连，培养具有坚定的政治信仰和职业操守，熟悉数字传播和出版融合规律，具备较高的文化鉴赏能力和创新精神，在具备传统出版中选题策划、编辑加工等能力的同时又能熟悉新媒体环境，熟练运用新技术进行数字内容产品的策划、生产、分发、运营、管理等活动的新型出版人才。

三、国内本科数字出版专业的开设情况与主要课程

（一）国内本科数字出版专业开设情况

依托数字技术、互联网而发展起来的数字出版专业是一门技术和内容相结合的专业，与近年来新兴的数字媒体技术、网络与新媒体等数字媒体专业群有着必然的联系。数字出版产业的“出版”特性规定了它本质上是一门生产内容为目的的产业，不仅处于数字内容产业链的基础地位，还最直接地回应了行业需求。

然而现实情况是，数字出版在我国现阶段本科教育中并没有得到较大发展，大多数情况下它是作为其他相关专业的某个方向而存在的，各高校独立设置数字出版专业的院校相对较少。

对教育部高校招生阳光工程指定平台阳光高考网以及中国教育在线的网站数据进行查询的结果显示（图 1），截至 2022 年 5 月 31 日，全国共有 1270 所本科院校（不包含港澳台地区），其中开设数字出版专业（050307T）的院校一共 21 所，占全国本科院校总数的 1.65%；开设数字媒体技术专业（080906）的院校共 277 所，占全国本科院校总数的 21.80%；开设数字媒体艺术专业（130508）的院校共 366 所，占全国本科院校总数的 28.82%；开设网络与新媒体专业（050306）的院校 307 所，占全国本科院校总数的 24.17%；开设编辑出版学专业（050305）的院校共 59 所，占全国本科院校总数的 4.65%。

2008 年，北京印刷学院获批开设全国首个本科数字出版专业，迈出了极具探索性、创新性和示范性的一步。然而在十四年后的今天，全国开设本科数字出版专业的院校也仅有 21 所，一些院校曾经做出过开设独立的数字出版

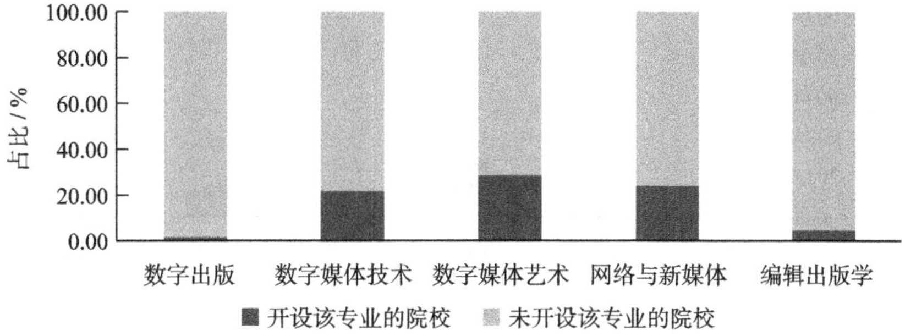

图 1　2022 年我国本科数字出版专业与其相近专业开设情况对比

专业的尝试，但由于种种原因，其存续时间都很短，很多院校在开设该专业后的几年内又迅速取消。相比之下，一些与数字出版相近的专业比它的发展要快得多。以数字出版专业同属新闻传播学类的网络与新媒体专业为例，自 2012 年设立至今，十年内开设该专业的本科院校已达 307 所。

总而言之，数字出版作为一个独立的本科专业，在过去的十几年内发展进程比较缓慢，关于数字出版专业建设的探索仍处于初始阶段。

（二）国内本科数字出版专业主要课程设置

本文通过登录现今开设本科数字出版专业的 21 所高校官方网站，对数字出版专业在该校的建设情况进行一一检索与核实，发现在这 21 所院校中，只有 12 所院校在其官网给出了数字出版专业主要（核心）课程。本文将这些主要（核心）课程进行了整理，并打上了相应的标签。按照课程名称判断出该课程设置的目标（图 2），分为理论、技术、内容、传播、管理、法规五大类别，为每门课程分别打上 1~3 个不等的分类标签，最后把所有课程按照其涉及的标签进行分类统计，观察涉及不同标签的课程在所有被统计课程中所占的比重，发现了以下特点。

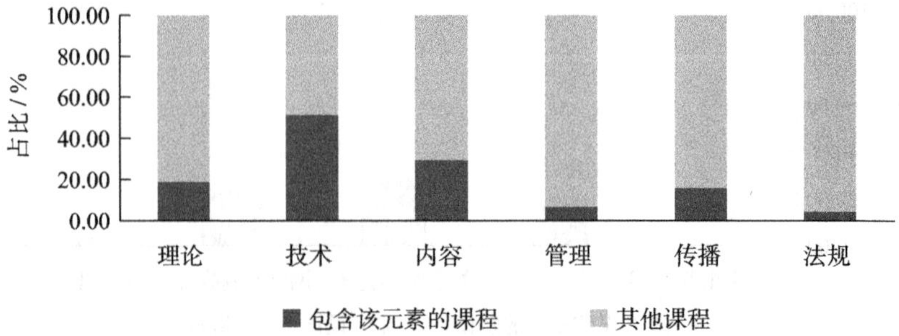

图 2　2022 年部分院校数字出版专业主要课程目标分类对比

1. 现有本科数字出版专业课程覆盖面广、实践性强

根据本文统计的 12 所院校的官网信息，不难发现数字出版专业在主要课程设置上充分体现出了培养复合型人才的理念。从内容的生产环节到传播环节，所需要的策划、编校、设计、技术应用、管理、营销、贸易、法律法规等知识都有所涉猎，覆盖面非常之广。除此之外，各高校对该专业课程的设置都遵循了数字出版专业强实践性的特点，带有“技术应用”“制作技术”“实务”等字眼的应用类课程较多，带有“导论”“概论”等字眼的理论性课程相对较少。

2014 年，北京印刷学院组织了专门调查小组对我国高校出版专业的建设情况进行调查。调研组根据出版专业教指委成员的投票情况，汇总出了得票最高的数字出版专业的核心课程，包括数字出版概论、数字媒体技术与应用、传播学、数字媒体编辑、数字版权管理、数字出版营销六门课程。从本文统计的 12 所院校的主要课程名称来看，各学校基本采纳了这一核心课程建议，即使课程名称不完全相同，或有些院校的课程可能更细化，或更偏重学校自身的办学特点，但也能看出对这六门核心课程所指的内容都有所涉猎，所承担的功能与教指委建议的核心课程基本相同。

2. 现有本科数字出版专业课程重技术应用，轻内容生产

从各学校数字出版专业的核心课程来看，接近半数的课程专注技术应用，居五大类别之首；而关于出版学科和人文素养培育的课程相对被弱化了。如出版学基础、编校基础知识、创意策划、审美与鉴赏、写作等课程，大约占技术应用类课程的一半，占全部课程种类的五分之一。

数字出版专业的建设和发展在于它的独特性，即不可替代性。而数字出版专业区别于其他相近专业最关键的地方在于它是一门“数字”和“出版”并重的专业，既要与出版学学科紧密相连，培养学生的创新思维和发掘、生产优质内容的能力，又要重视各种先进技术的培训和应用。在新媒体语境下，能够利用新技术实现内容价值的发现、优化、增值和传播才是数字出版人的核心竞争力，这样的核心竞争力应该有深厚的家国情怀、人文素养和出版学科专业知识作为支撑。与迭代迅速的数字技术相比，这样的文化支撑却需要长期的学习和积累才能获得。然而从现有的课程来看，数字出版专业关于培育文化素养的课程稍显弱化，整体上呈现出重技术而轻内容的特点。

四、国内本科数字出版专业人才培养面临的现实问题

（一）专业发展缺乏真正能承托数字出版专业发展的学校和师资

前文提到，数字出版处于数字内容产业链的前端，数字出版专业作为一个集信息科学与技术、编辑出版、新闻传播、市场营销等专业知识交会成的一门跨学科交叉专业，对学校的学科背景和师资力量都有着很高的要求。与此同时，数字出版专业有很强的实践性，需要学校和社会提供充足、便利的实践平台和资源，而数字出版所在的数字文化产业的发达程度与地方经济发

达程度呈正相关。因此该专业人才培养工作对学校的行业资源以及所处的地域经济发达程度和产业特征也有着很强的依赖性。

国内目前能够同时满足深厚的学科背景、充足的师资力量、丰富的行业资源和良好的区位优势四个条件的学校很少。这就解释了为什么从2008年到2022年，全国范围内开设数字出版专业的高校仅发展到21所，发展速度远远落后于数字媒体技术、网络与新媒体等跨学科性质相对较低的相近专业。由此看出，在现实巨大的行业人才缺口面前，真正能承托起数字出版专业人才培养的学界力量还比较薄弱。

（二）学生学习时间紧、任务重，复合型人才培养难度大

出版本身就是一个应用性、综合性很强的学科，它与新闻传播同属于文学大类下，但究其本质和根源又能发现很多社会学和传播学的元素，涉及人文、设计、印刷、管理、营销等许多领域，再加上数字媒体运营、数据分析等相关的应用型技能，数字出版专业本科生在四年之内要学习分属于多个学科领域的几十门课程，还要完成校内外的一系列实践活动和实习项目以及最后的毕业论文设计。这样看来，本科四年的时间并不充裕，学生学习的时间紧，任务重。如果只是粗浅学习，学生对不同学科知识的综合运用也较为困难，这样交叉学科的优势不能得到很好的发挥。这就导致了在有限的时间内培养出真正能填补行业需求的复合型人才难度较大。

五、高校本科数字出版专业人才培养的建议

（一）重视人文素养培育，回归出版本质

数字出版行业归根结底是生产内容的行业，技术的发展是为了让内容的

生产和传播变得更高效，让内容资源的管理和保护变得更科学，让内容的呈现形式更丰富，一切技术都是为内容服务的。在中国人民大学新闻学院教授周蔚华看来，数字出版的培养对象，要坚持社会主义核心价值观，要坚持科技伦理，还要有职业道德。他说："价值观出现了问题和偏差，技术会变成恶的帮凶。"对于人才的培养应该回归出版本质，用优秀的人文素养教育帮助未来的从业者准确把握党和国家文化宣传工作的总要求，感知出版业的使命与担当，对内容产生深刻的理解，才能提高优质内容的鉴别、编校、解码、创新能力，从而不断推出精品。

（二）明确专业培养目标，把握特色办学

鉴于数字出版专业的强交叉性和课程设置的广泛性，如果高校能明确本校数字出版专业的培养目标，发挥自身的办学优势，将有助于学生核心竞争力的培养。例如，河北传媒学院依托其传媒相关学科的办学优势和师资力量，将网络数字媒体编辑及传播作为数字出版专业的主要培养方向，把传统平面新闻媒体与数字媒体有机结合起来，设置视觉传播、平面媒体编辑、网络动画设计与制作等课程，侧重对学生全媒体应用能力的培养。需要注意的是，从数字出版专业学科建设的角度来说，特色办学是在把握好本专业的核心课程基础之上实施的，否则同一专业放在不同学校就会变得五花八门，学科定位更加模糊。

（三）丰富实践形式，加强校际交流合作

为进一步加强数字出版专业人才培养与行业需求的适配程度，高校可以通过竞赛、联合科研项目申报等各种形式推动不同地区、不同学校、不同专业的学生进行交流合作，丰富实践形式，为学生尽可能多地提供开阔视野的

机会和实践环境。2018 年北京印刷学院牵头成立全国高校数字出版联盟，四年来阵容不断壮大，在学生交换、教师访学、共同申报科研项目等方面达成协议共同推进高校数字出版专业建设和人才培养。

（四）提升企业参与度，产学培养相结合

数字技术迭代迅速，技术应用类教学应该提升企业的参与程度，让学生深入了解当下行业最前沿的专业知识，参与到一线的工作环境中去，熟悉数字内容企业的真正的运作流程和产品标准，培养运营思维和产品意识。例如，西安欧亚学院数字出版专业与产业建联“北大方正电子授权认证培训中心”发布行业证书并对社会开放，一些实训课程直接采用企业命题，用企业的标准生产流程制作作品并交付企业；又如全国高校数字出版联盟实行行业导师聘任制度，在 2021 年召开的第十一届中国数字出版博览会数字出版人才论坛上，十余位出版业领军人物受聘成为联盟的行业导师。

六、结语

数字出版是数字技术与出版相融合的产物，培养复合型数字出版人才应该是学界业界长期共同努力的结果。数字出版未来不是由终端或载体决定的，而是依赖于文化的创新和用户服务。因此，数字出版人才培养应该在培养学生新技术应用能力的同时也不能脱离出版的本质。学校应该牢牢把握数字出版专业的定位和行业需求，在技术应用和人文素养的培育两方面齐头并进，并在把握好数字出版核心课程的基础之上发挥自己的办学优势，从而帮助学生在迅猛发展的数字化浪潮中，在日益丰富的产业形态中以及竞争激烈的就业市场中找到自己的定位。

参考文献

[1] 新华社 . 中华人民共和国国民经济和社会发展第十四个五年规划和 2035 年远景目标纲要 [EB/OL].（2021–03–13）[2022–07–18]. http：//www.gov.cn/xinwen/2021-03/13/content_5592681.htm.

[2] 国家统计局 . 战略性新兴产业分类（2018）[Z]. 2018–11–26.

[3] 中国音像与数字出版协会 . 2021 年中国数字阅读报告 [EB/OL].（2022–06–08）[2022–07–18]. http：//www.cadpa.org.cn/3277/202206/41513.

[4] 国家新闻出版广电总局出版专业资格考试办公室 . 数字出版基础 [M]. 北京：电子工业出版社，2015：2–3.

[5] 曾建辉，范军 . 贺圣遂的出版观：关于出版的本质 [N]. 中华读书报，2019–10–23（6）.

[6] 陈丹，张聪，仲诚 . 全国高校出版专业建设现状调查与分析 [J]. 现代出版，2014（2）：25–30.

[7] 王海峰 . 需求分析视角下地方高校数字出版专业人才培养思路 [J]. 长春大学学报，2018，28（12）：68–73，98.

[8] 左志红 . 数字出版高质量发展呼唤专业人才队伍 [EB/OL].（2021–11–01）[2022–07–20]. https：//www.chinaxwcb.com/info/575489.

[9] 陈建 . 全国高校数字出版联盟增 12 个成员单位 [EB/OL].（2021–11–02）[2022–07–20]. http：//www.bj.chinanews.com.cn/news/2021/1102/83997.html.

[10] 张志林，陈丹，黄孝章 . 数字出版人才培养研究 [M]. 北京：商务印书馆，2011：35–40.